Siegfried Macht

Wie Abraham das Lachen lernte

...und andere gleichnishafte Kurzgeschichten

Verlag Junge Gemeinde

Die Deutsche Bibliothek – CIP-Einheitsaufnahme

Macht, Siegfried:
Wie Abraham das Lachen lernte: ...und andere gleichnishafte Kurzgeschichten / Siegfried Macht. – 3. veränd. Aufl. – Leinfelden-Echterdingen: Verl. Junge Gemeinde, 2001
ISBN 3-7797-0370-X

3. veränderte Auflage des früheren Titels
»Jeder schweigt anders« (Don Bosco Verlag)
Umschlaggestaltung: Dieter Kani, Stuttgart
Titelbild: Andreas Felger, »Granatapfel«, Aquarell,
© Präsenz Verlag, 65597 Hünfelden
Gesamtherstellung:
Don Bosco Grafischer Betrieb, Ensdorf

ISBN 3-7797-0370-X

Inhalt

Vorwort

Das Sprechen in Bildern und Gleichnissen, in Märchen und Parabeln, ist vielleicht so alt wie die sprechende Menschheit, älter bestimmt als die schreibende. Und wer sich hineinvertieft in die Erzählungen der Völker, die Poesie ihrer Dichter und die Sprachwelt der heiligen Schriften, wird bald spüren, daß sie nicht weniger aussagekräftig sind als das Fachvokabular moderner Wissenschaft und daß sie es wirklich nicht nötig haben, verteidigt zu werden.

Sie nämlich sind es, die zum Angriff blasen müßten auf die häufig eingebildete, seziererische Sprache des modernen Menschen, der sich aufgemacht hat, seine Erfahrung und Beschreibung der Wirklichkeit absolut zu setzen. Gerade er, dem so mancherlei Erfahrung abhanden gekommen ist.

„Erzähl keine Märchen!" Den Ausruf habe ich schon lange nicht mehr gehört. Vielleicht, weil es inzwischen eher die Nachrichten der verschiedensten Medien sind, gegen deren Pseudo-Wahrheiten und Ausschnitthaftigkeit wir uns zu wehren haben. Vielleicht auch, weil nach und nach erkannt wird, daß es der Sprache des Mathematikers, des Biologen und des Mediziners bedarf, um die Sache der Mathematik, der Biologie und der Medizin zu beschreiben, und daß es über viele solcher Sprachen hinaus die des Menschen geben muß, der die Sprache der Märchen und Parabeln öfter als manch andere ihre Stimme geliehen hat.

Auch die hier versammelten Texte leihen den uralten und immer wieder neuen Fragen der Menschheit ihre Stimme und suchen Antworten zwischen Himmel und Erde, zusammen mit allen, die Ohren haben zu hören und nicht nur wahr-nehmen, was sie be-greifen können.

So beginnt die Sammlung mit einem Kapitel voller Schöpfungsmärchen, die uns er-innern, daß wir alle Äußerlichkeiten ablegen müssen, wenn wir in die Zukunft zurückblicken wollen, und daß wir einander nicht immerzu den erhobenen Zeigefinger zeigen dürfen, auch nicht den ökologischen, sondern uns besser die ganze Hand reichen (lassen) sollten. Denn Appelle werden gern gestellt – nur bewirken sie wenig. Vielleicht ist es da einmal einen Versuch wert, die Dinge aus der Perspektive eines Schöpfungspsalms oder -märchens zu sehen und festzustellen, daß diese den Zuhörer eher oder freudiger bewegen (und das heißt eben auch „in Bewegung setzen") als die nüchterne Mahnung.

Es folgen Geschichten von Armut und Reichtum, von Herrschern und Beherrschten, die fragen, was vorherrscht, wenn der Mensch herrscht, der sich nicht einmal selbst beherrschen kann. Die lassen sich ihren „König" nicht durch einen „Bundeskanzler" aktualisieren, weil ihr König immer schon mehr war als jeder reale Monarch. Und eben dies hat oft genug dem Gleichnis die Kraft gegeben, Throne in Frage zu stellen, und Propheten wie Nathan zum König (David) geschickt, um dem Mächtigen die Leviten zu lesen.

Im Kapitel vom Lachen und Weinen und von der Fremdheit der Fremden begegnen wir dem Menschen, der das Glück und die Sicherheit halten will, immer in der Gefahr, sich selbst vom Leben auszuschließen. Denn alles Leben bringt Veränderung, und jede Veränderung befremdet, und jeden noch so lieben Menschen sahen wir einmal das erste Mal. Und wenn wir nicht leiden wollen, dann werden wir niemand leiden können.

Daß es nicht darauf ankommt, wie es kommt, sondern wie man's nimmt, ist manchem eine Binsenweisheit: Philosophen, Theologen, Psychologen – sie alle betonen, daß jedes Ich aus seiner Deutung der Wirklichkeit lebt. Gerade weil solche Brillen nicht einfach ablegbar sind, sollten wir zumindest merken, daß wir eine auf der Nasenspitze sitzen haben. Vielleicht schielen wir dann zumindest mal über die Ränder!

Wenn am Ende ein Kapitel für den Frieden steht, das mehr sein möchte als eines gegen den Krieg, so ist das vielleicht das wichtigste Unterfangen dieser Sammlung: Es mündet in eine Gutenachtgeschichte zumindest für große Kinder, aber die können in letzter Zeit ja auch nicht immer gut schlafen.

Wenn Sie sich nun auf die Lese-Reise machen und es gewohnt sind, ihre Ziele selbst zu bestimmen, dann mögen Sie verzeihen, daß zur Unterstützung der pädagogischen Arbeit in Schule und Gemeinde zu den einzelnen Texten immer auch ein paar „Anlegestellen“ genannt werden, Anknüpfungspunkte für das Gespräch, methodische Tips, weiterführende Impulse, Verweise auf Parallelstellen in der Bibel oder Hinweise auf andere Medien.

Siegfried Macht

Schöpfung und Erschöpfung

Warum der Mensch tanzt und die Erde sich dreht

Noch waren Himmel und Erde nicht von Leben erfüllt, und die Haut der Ozeane war glatt. Gott aber saß am Rande des Meeres und spielte mit den Füßen im Wasser. Es spritzte und schwappte, und Gott dachte bei sich, so soll es immer sein. Da schwammen Fische, wo er die Zehenspitzen ins Wasser tauchte, gewaltige Wale um den großen Zeh und winzige Meeresbewohner um den kleinen. Und es spritzte und schwappte, und Gott dachte bei sich, so ist es gut.

Und Gott ging auf Zehenspitzen davon, denn er hatte nasse Füße. Erst als die Wassertropfen getrocknet waren, trat er fester auf und begann sogar zu hüpfen und zu springen. Dann sah er sich um und blickte auf die vielen verschiedenen Spuren im Sand. So soll es immer sein, dachte Gott und setzte kleine und große Tiere in seine Fußstapfen. Und schon liefen die seltsamsten Fährten über die Erde und trugen Gottes Spuren in alle Welt. Und Gott dachte bei sich, das ist gut so.

Dann sah er in den leeren Himmel und raufte sich die Haare, und ein paar davon fielen zu Boden und wirbelten im Wind. Und weil es Gott gefiel, rupfte er auch noch ein wenig aus seinem Bart. Da stiegen und sanken mit dem Wind all die verschiedenen Vögel am Himmel.

Und Gott sah die Sonne, wie sie sich im Wasser spiegelte, und sah bald darauf den Mond und die Sterne sich im Wasser spiegeln, und er sah die Tiere, die zur Nacht zum Trinken an den Fluß kamen, und alle blinzelten scheu, welches Aussehen er ihnen wohl gegeben hatte, und alle waren zufrieden. Nun schaute auch Gott ins Wasser und sah – nichts. Da hatte er bisher doch ganz vergessen, der Erde sein eigenes Spiegelbild einzuprägen. Jetzt aber nahm er den schönsten Lehmklumpen, den er finden konnte, begann seine Töpferscheibe zu drehen und – formte den Menschen. Der aber konnte es kaum erwarten und sprang von der Scheibe, ehe sie stillstand, und drehte und drehte sich und tanzt noch heute vor Freude, wenn er daran denkt, daß Gott ihn geschaffen hat für eine Erde, die sich dreht, damit er sich ganz zu Hause fühlen kann.

Zum Weiterdenken

Neben den vielen zweckgebundenen Tätigkeiten, mit denen die Menschheit der Erde auf den Leib rückt, ist das Tanzen eine ganz besondere und vielleicht die erste ritualisierte Bewegung überhaupt: Die Völker Mittel- und Südamerikas zum Beispiel meinen tanzen zu müssen, weil alle Musik ihnen eine Entsprechung zum Pulsschlag der Erde ist, und der lädt zum Tanz. Kein Wunder, daß, derart eingeladen, der Mensch nach besonderen Schritten und Figuren sucht und die Erde nicht so „mit Füßen tritt" wie später die Stiefel marschierender Soldaten. Vielleicht ist es ein wenig übertrieben, eine Gesellschaft mit den Worten „Sage mir, wie sie tanzt, und ich sage dir, wo sie steht" zu skizzieren, aber ein Fünkchen Wahrheit ist schon dabei: Denken wir nur an den Ausdruck von Gruppengefühl oder Vereinzelung der Tänzer/innen, wie er in den unterschiedlichen Tanzformen zum Ausdruck kommt. Ebenso tief blicken läßt die – manchmal sogar noch heute – einseitig unter dem Aspekt sexueller Stimulierung geführte Diskussion über die Gesellschaftsfähigkeit des Tanzes: Nicht erst Tango und Mambo, schon vor ihnen der Walzer („die Dame wird durch vielfaches Drehen trunken ...") waren entsprechend verschrien. Auch die christliche Kirche hat mit ihrer phasenweise pauschalen Ablehnung des Tanzes oft nur Zeugnis ihrer eigenen unaufgearbeiteten Leibfeindlichkeit abgelegt. Zurück also zu den Ursprüngen, zu Kirchenvater Augustinus („Mensch lerne tanzen, sonst wissen die Engel im Himmel mit dir nichts anzufangen"), zum tanzenden David, zur sich drehenden Töpferscheibe.

Methodentip

Das Vorlesen des Märchens nahtlos in Musik übergehen lassen, die zum Bewegen einlädt: keine geprägte, bestimmte Figuren und Schritte fordernde Tanzmusik, sondern eine eher meditative, aber stimulierende Musik, die auch Nichttänzer ermutigt, einige Schritte zu wagen und ein vielleicht noch unerforschtes Gebiet Körpersprache zu entdecken. (Zum Beispiel: MC „Gottes Geist bewegt die Erde" von S. Macht, Bonifatius Verlag, Paderborn 1994)

Dem Licht entgegen

Was meint Ihr: Welcher Strauch auf unserer Erde ist der älteste? Natürlich die Korkenzieherhaselnuß! Woher ich das weiß? Aber das kann doch gar nicht anders gewesen sein. Hört nur her, dann werdet Ihr mir schon recht geben. Da braucht Ihr Euch ja bloß einmal ihre Äste anzusehen, dann könnt Ihr Euch schon denken, was einstmals geschehen sein muß:

Als am ersten Sonnentag der Welt die Sonne aufging, da hatte ihr der Schöpfer nichts anderes hingestellt als einen winzigen Haselnußkeimling. Vielleicht weil er sagen wollte: Weißt du, das werden nicht die schlechtesten, also sollen sie auch die ersten sein – harte Schale, weicher Kern. Aber dazu sollte es dann doch nicht kommen. Jetzt aber erst einmal schön der Reihe nach.

Die Sonne beguckte sich also den Kleinen freundlich von allen Seiten, mit eben jener überschwenglichen Fürsorge, wie man sie nun einmal auszuhalten hat, wenn man ohne Geschwister aufwächst. Wie dem auch sei: Natürlich wollte der Kleine nichts sehnlicher, als ihren Strahlen entgegenwachsen und sie mit seinen zarten Knospen berühren. Da hatte er sich aber einiges vorgenommen! Und überhaupt:

Der Sonne entgegenzuwachsen ist gar nicht so einfach, die wanderte ja schon damals den ganzen Tag über von einer Stelle zur anderen, von unten nach oben und wieder nach unten, von Osten nach Westen ... Da weiß doch eine kleine Haselnuß irgendwann gar nicht mehr, wo's langgeht.

Am schlimmsten aber war, daß die Sonne morgens niemals da aufging, wo sie am Abend vorher untergegangen war – das brachte unsere Haselnuß nun wirklich vollends durcheinander. War sie den Tag über der Sonne folgend von links nach rechts gewachsen, so mußte sie nun nachts ganz allein und ohne die Wegweisung des Lichtes von rechts nach links zurückwachsen und bei alledem auch noch vorwärts, oder sagen wir besser aufwärts, kommen.

Da ist es doch kein Wunder, daß die Korkenzieherhasel eben aussieht, wie sie aussieht, und niemals Zeit hat, sich etwa auch noch um das Tragen von Nüssen zu kümmern; das müssen wir ihr schon nachsehen.

Die anderen Sträucher und Bäume aber, die später zu wachsen begonnen, durften von ihr lernen, daß es gar keinen Sinn hat und einen auch nur ganz wirr macht, wenn man der Sonne allzu schnell folgen will. Und daß es gut ist, wenn man nur beständig aufrecht wächst, da ist man dem Licht schon am nächsten.

■ Methodentip

Hin und wieder läßt sich eine Interpretation organisch als Fortschreibung des Märchens anhängen, das kann auch eine gute Übung im Sinne des „kreativen Schreibens" für eine interessierte Gruppe sein. Oft entstehen interessante Kombinationen aus einfühlsamer Märchendeutung und darüber hinausgehender eigener Akzentsetzung: ... Und auf dieses Licht hin ist auch die Sonne nur ein Wegweiser, denn dieses Licht ist der Schöpfer selbst. Und weil der seine Wohnung überall nimmt, wachsen die Bäume im allgemeinen auch in die Breite und wurzeln in die Tiefe. Die Korkenzieherhasel aber darf nach wie vor hin und her wachsen und seltsame Spiralen bilden, denn Umwege sind schon erlaubt, vor allem, wenn sie durch die Dunkelheit zurückführen zum Licht.

■ Impulse

Die „Ich-bin"-Worte Jesu zeigen hier ihre hilfreiche Funktion, entbinden von ständiger Umorientierung: Wer das Licht kennt, „fliegt" nicht wie die Motte auf jede Neon-Röhre (folgt nicht jeder Parole, jeder neuen Psycho-Welle).
Andererseits: Umwege sind nicht immer Irrwege, und selbst die können zu tiefen und sinnerfüllten Erfahrungen werden, solange man das Ziel nicht aus den Augen verliert.

Zur Symbolik von Labyrinth und Spirale

Das Ein- und Auswickeln einer Menschenkette in Spiralform in Anlehnung an das traditionelle Abschreiten eines spiralig geführten Raumweges über das Labyrinth-Fliesenmuster auf dem Boden alter Kathedralen ist ein eindrucksvolles Tanzspiel, insbesondere im Zusammenhang mit dem Leidensweg und der Auferstehung Jesu. (Beispiele hierfür in den Tanzliederbüchern „Kinder tanzen ihre Lieder" und „Gottes Geist bewegt die Erde" von S. Macht, siehe „Literaturempfehlung" am Ende dieses Buches)

Märchen von denen, die nicht abgeben wollten, was in den Schrank Gottes gehört

Es war im ersten Jahr der Erde, da gab Gott einem jeden Baum seine Blätter und sprach zu ihm: „Du darfst dich schmücken damit sieben Monate lang und sie färben und singen lassen im Wind, und sie sollen dir eine Krone aufsetzen, dann aber gib sie mir wieder zurück." Und alle Bäume versprachen es.

Und die Eichen und Buchen, Eschen und Kastanien, der Ahorn, die Ulme und all die anderen, ja selbst die stolzen Obstbäume, die schon vom Menschen träumten, schmückten sich mit einem dichten Blätterkleid und gaben es ab, als ihre Zeit um war, denn sie wußten: Gott weiß, warum er nimmt, und sicher gibt er reichlich wieder.

Nur die Nadelbäume und einige besonders stachlige und hartblättrige Gesellen haderten mit Gott und machten ihm Vorwürfe, als er seine Stürme in den Garten schickte, um das Laub abzuholen: „Allen hast du ein prächtiges Gewand gegeben, uns aber nur dünne Nadeln", sagten die einen. „Mit verschiedensten Farben zieren sich alle, und auf ihre alten Tage durften sie diese sogar von Woche zur Woche wechseln – wir aber waren immer nur grün", sagten die andern. „Höchstens grau und schmutzig durften wir werden", ergänzten die dritten, und wieder andere beklagten ihre Stacheligkeit und Härte. Kurzum, so ließen sie Gott wissen, sie wären übereingekommen, ihre Nadeln und Blätter nicht abzugeben, um die ihnen zugefügte Ungerechtigkeit so wenigstens ein bißchen zu schmälern.

Da bekam der liebe Gott sein erstes graues Haar (weißhaarig ist er ja erst geworden, nachdem er uns Menschen geschaffen hat!), aber er sagte nichts zu alledem, sondern gab nur seinen Winden den Wink, sich nicht weiter mit den Abtrünnigen zu streiten.

Dann kam der Winter und mit ihm der Schnee. Der deckte die Erde zu und wärmte all die kleinen Blumen und Büsche, Knollen und Wurzeln und sagte den Frühaufstehern, sie müßten noch ein wenig warten, bis der schlimmste Frost vorübergegangen wäre. Auf die Äste der Bäume legte er kleine weiße Schlangen und ließ ihre Kronen glitzern. Aber halt, fast hätten wir die Nadelbäume und anderen Immergrünen vergessen, die ihr Kleid nicht in den Schrank Gottes zurücklegen wollten: Die stöhnten und jammerten nun unter der Last des Schnees, und dem einen oder anderen brach auch einmal ein Ast, oder es stürzte sogar der ganze Baum. Und was das Schlimmste war: Die anderen Bäume lachten und sprachen: „Da schaut euch nur die an, tragen einen grünen Lodenmantel sogar zum Schlafen! Und dann im Traum ziehen sie darüber noch ein Unterhemd nach dem anderen, bis sie fast zusammenbrechen!"

Da bekam der liebe Gott Mitleid mit den Immergrünen und schickte die Sonne, daß sie den Schnee nach Hause rief; und wenn es wieder einmal im Winter nicht richtig schneien mag, dann wissen wir nun, warum.

Kurzinterpretation

Abgeben lernen, Geben und Empfangen gehören zusammen. Gott gibt, selbst wenn er nimmt (Vorbereitung auch auf Leid- und Todeserfahrung). Die Haltung des Haben- und Haltenwollens macht nicht reicher, ist Belastung, nicht Befreiung.

Biblische Parallelen

Der Schöpfer steht zum Geschöpf, selbst wenn es schuldig geworden ist. Adam und Eva: Gott macht ihnen Kleider nach dem „Sündenfall" (Gen 3,21). Kain: Gott schützt den Brudermörder (Gen 4,15b).
Vgl. darüber hinaus das alttestamentliche Reden von Gott, den es „reut" (z.B. Jona 3,10), Menschen zu strafen, und neutestamentlich das Eintreten des Schöpfers für seine „gefallene" Schöpfung bis zur letzten Konsequenz: im Kreuz Jesu.

Zum Weiterdenken

Zum Leben gehört die Vergänglichkeit: Die „unvergängliche" Kunststoffblume wirkt bei näherem Hinsehen tot. Die Rede von der

Unsterblichkeit der Seele entspricht der griechischen Antike, das Rad der Wiedergeburten dem Hinduismus/Buddhismus. Die Bibel spricht alttestamentlich bis ins zweite Jahrhundert vor Christus hingegen recht nüchtern von der Vergänglichkeit auch des Menschen. Jede (erst in Christus erfüllte) Hoffnung auf Auferstehung ist letztendlich als „Auf-Erweckung" abhängig von Gott, der allein das Leben ist. Wer sich von Gott abkapselt ist „tot". Für ihn braucht insbesondere der Verfasser des Johannesevangeliums keinen Weltenrichter zu zitieren: Er ist schon tot, hat sich selbst gerichtet (vgl. Joh 12,47f).

Vielleicht deshalb weist Gott den Menschen aus dem Paradies (Gen 3,22-23): Damit er, der sich durch den Griff zum Apfel von Gott getrennt hat, in diesem Zustand nicht auch noch nach dem Baum des Lebens greift und so ewig lebt als Toter. So gesehen zeugt auch die Vertreibung aus dem Paradies vom Wohlwollen Gottes.

Warum die Nachtigall im Flug singt und den Menschen zu Herzen geht

Als Gott, der Herr, die Vögel gemacht hatte, versammelte er sie um sich und sprach: „Fliegen könnt ihr und den Himmel beleben, doch noch fehlt euch die Stimme." Dann ließ er zu jedem Vogel einen Engel treten und erzählte so lustige Geschichten, daß alle Engel lachen mußten, und Gott sprach zu den Vögeln: „Ein jeder merke sich das Lachen seines Engels, denn so soll von nun an seine Stimme klingen auf der Erde." Da flog eine Vogelart nach der anderen singend auf und zog an Gottvater vorbei, und es dauerte bis zum Abend, bis alle ihr Singen vorgestellt hatten und davongeeilt waren. Nur das letzte Paar, die Nachtigallen, erhob sich stumm in der Dämmerung: Da hatte der Herr doch tatsächlich mehr Vögel als Engel geschaffen. In diesem Moment aber wurde auf der Erde das erste Menschenkind geboren, und wie es so runzelig das Licht der Welt erblickte, mußte Gottvater lachen – und dankbar lauschte die Nachtigall ... So kommt es, daß alle Vögel sich zum Singen setzen, denn nur die Nachtigall hat ihr Lachen im Flug gelernt, und noch heute heißt sie mancherorts „Lachen Gottes". Die alten Leute aber sagen dort, wenn sie die gefiederte Sängerin hören: „In diesem Moment kam ein Kind zur Welt." Und sicher haben sie recht.

Kurzinterpretation

Von Gott ist niemand wirklich vergessen bzw. verlassen, im Gegenteil: Die letzten werden die ersten sein.

Biblische Parallelen

Manches in der ihn umgebenden Schöpfung rührt den Menschen besonders an. Auch das biblische Reden von der Schöpfung (vgl. Gen 1-2; Ps 104; Ijob 38-39) betont dieses Bewegtsein, will nicht als (pseudo)naturwissenschaftlicher Bericht gelesen werden, sondern als Lob des Schöpfers. Solche Bekenntnisse sind zwingend subjektiv und bewahren den Menschen so vor der Absolutsetzung seiner selbst, die Objektivität vorgaukelt, ihn aber nur zum Objekt macht (wie es die „Schlange" in Gen 3 tut).
Gerade im Schöpfungsmärchen, das oft Warum-Fragen nachgeht, wird deutlich: Es gibt Wahrheiten bzw. Antwort-Ebenen, die zur naturwissenschaftlichen Wirklichkeitsbeschreibung quer stehen. Der tiefrote Sonnenuntergang wird dem Liebespaar nicht „wahrer" und erst recht nicht „beredter", wenn er als Resultat der sich um die Sonne drehenden Erde gedacht wird.
Gott bejaht seine Schöpfung in jedem neugeborenen Kind aufs neue: Das Singen der Nachtigall erinnert an den Schöpfer, der sein Geschöpf lachend begrüßt. Der dem Menschen zugewandte Gott ist ein freudiger, ja lachender Gott. Der Mensch kann den Tieren wohl einen Namen geben (vgl. Gen 2,19-20a) und sich damit nach altorientalischem Recht als ihr Herr erklären (Namensspen-

der = Besitzer), aber das Lachen (um nur einen winzigen Teil des Wesens zu nennen) verdankt jedes Geschöpf dem Schöpfer. Der sich (in der Gen-Technik) zum Schöpfer aufschwingende Mensch täte gut daran, die Grenzen seiner Herr-lichkeit zu bedenken.

Seit wann der Mensch aufrecht geht

Schaut einmal zum Himmelsgewölbe hinauf. Wäre es nicht gar so hoch über uns, könntet Ihr die vielen blauen Steine sehen; harte, schwere, sauber behauene Steine. Ohne Mörtel hat Gott sie ineinandergefügt.

Und nun schaut Euch auf der Erde um. Seht Ihr noch die vielen grau-braunen Felsbrocken, welche die Welt im Innersten zusammenhalten? Oder hat Gott auch bei Euch schon die gute Erde sich darüber legen lassen, damit der Fluch der Steine nicht so schwer lastet auf dem Ackersmann?

Damals nämlich schwebten die blauen Steine nur wenig über den grau-braunen, und in der schmalen Zone dazwischen krochen Mensch und Tier. Bis eines Tages Gott sich des Menschen erbarmte und einige Samenkörner in die schmalen Ritzen zwischen den Felsbrocken fallen ließ. Mit der Zeit wuchsen Bäume daraus, erst langsam und zaghaft mit dünnen Stämmchen, dann aber immer kräftiger – die gruben sich mit ihren Wurzeln tief ein und schoben die Felsen auseinander, und allerlei Getier kletterte mit ihnen in die Tiefe und brachte die gute Erde nach oben, daß der Boden fruchtbar wurde. Und die Äste der Bäume stemmten sich nach oben gegen das Himmelsgewölbe und hoben es Meter um Meter. Da richtete auch der Mensch sich auf und atmete tief durch und streckte seine Hände zum Himmel. Und er versprach bei allem, was ihm heilig war, die großen Bäume nicht anzutasten, die doch den Himmel tragen und ihn, den Menschen, aufrecht gehen lassen und die Erde fruchtbar machen.

(nach einem Märchen aus der Südsee)

Kurzinterpretation

Ein Bild der Abhängigkeit des Menschen von den Bäumen (als Symbol der auf den Menschen bezogenen Natur). Vgl. als modernes Fazit: „Nach den Bäumen stirbt der Mensch."

Biblische Parallelen

Gen 2,16-17. Hier ist es der Baum der Erkenntnis, im Märchen jeder Baum, der nicht „angerührt" werden soll, wobei das Märchen „zerstören" meint, insbesondere in der heutigen Dimension: Da werden die verbleibenden Bäume nicht mehr lange „den Himmel tragen können".

Zum Weiterdenken

Plötzlich wird mythisches Sprechen wieder aktuell. Frühe Kulturen wußten um das „Tabu". Der Gott Israels befreite von der Angst vor einer mythisch gedachten Welt, in der hinter jeder Naturerscheinung eine mißgestimmte Gottheit lauern konnte – die Unverfügbarkeit dieses Gottes war das letzte und einzige und damit alle anderen auflösende Tabu. Neutestamentlich gesprochen: „Alles ist euer – ihr aber seid Christi." (Was das Unterlassen mancher Dinge in freudiger Freiheit einschließt, so daß näher ausführende Gesetze entfallen können.)

Heute scheint die Problemlage eher umgekehrt: Der Mensch, tabulos geworden, hat sich zum Maß der Dinge gesetzt. Und er kann doch nur aufrecht stehen, weil es der Baum vor ihm tat, sagt das Märchen in wissender Naivität.

Die Ohren im Wind

Als Gott die ersten Menschen machte, da schuf er sie mit schönen, großen, weitabstehenden Ohren. Und die Menschen hörten, was der Wind erzählte und was die anderen Menschen sagten und vor allem – sie hörten Gott. Jeden Abend saßen sie beieinander und lauschten, was er ihnen aus der Ewigkeit zu erzählen wußte. Bis eines Tages einer aufstand und rief: „Ich kann es nicht mehr hören! Ich will mein eigener Herr sein. Ich ziehe hinaus in die Welt, lege die Ohren an und werde vorankommen!" Da wußte der liebe Gott einen Moment lang gar nicht, was er sagen sollte, und schon stand ein zweiter auf und rief: „So! Sprachlos ist der liebe Gott geworden?! Nun, wenn er uns nichts mehr zu sagen hat, soll auch mich nichts mehr halten." Und er legte die Ohren an und verschwand. Da öffnete Gott den Mund – aber noch immer brachte er kein Wort heraus. „Schaut euch den an!" riefen sie da plötzlich fast alle wie aus einem Munde, „er spricht wohl nicht mehr mit jedem!" Und sie legten die Ohren an und verschwanden, der eine hierhin, der andere dorthin, ein jeder auf eigene Faust sein Glück zu versuchen.

So scheint uns also der Wind nur noch zu pfeifen, und oft reden wir miteinander wie gegen eine Wand, und Gott öffnet wohl seinen Mund, aber wir haben die Ohren ja angelegt, um voranzukommen ... Manchmal aber begegnen wir einem, der könnte noch mehr hören, wenn wir ihn nicht verspotten würden, und er, vor lauter Angst, seine Ohren noch im Wind zu haben, nicht Haare darüber wachsen ließe wie Gras über eine Sache, derer man sich schämen müßte.

Kurzinterpretation

Was Menschen als „schön", „normal" oder sonstwie „erstrebenswert" erachten, ist nicht unbedingt das, was für sie wirklich gut ist.

Bezüglich Aussehen, Gebaren, Kleidung (Mode) usw. versklaven und verletzen die Menschen sich oft gegenseitig mit ihren Forderungen und scheinobjektiven Normen. So ist das Märchen eine Ermutigung gerade für Außenseiter, sich selbst anzunehmen, in dem Wissen, daß sie auch von Gott angenommen sind.

Impulse

Warum sehen und hören wir Gott nicht mehr, zumindest nicht so, wie es „die Alten" zu bezeugen scheinen? Ist uns der „Sinn für Gott" abhanden gekommen? Wie läßt sich ein solcher Sinn wiederentdecken? Geht es nicht um mehr als das Modewort „Sensibilität"? Das Märchen spricht von dem Zusammenhang zwischen dem Willen und der Fähigkeit zu hören: Wer Ohren hat zu hören, der höre (Mk 4,9).
Ein Rabbi wurde einmal gefragt, warum Gott heutzutage nicht mehr zu finden sei, und er antwortete: Weil sich niemand mehr so tief bücken kann!

Zum Weiterdenken

Möglicher Exkurs: die etymologisch verwandte Sprachkette „hören – horchen – gehorchen", eine Trias, die zusammen„gehört"! Wehe dem, der gehorcht, ohne in den Befehl hineingehorcht zu haben. Wer aber niemals bewußt gehorcht, was hört der, worauf horcht er – und wie frei ist sein „Ich" wirklich, dem er dann wohl einzig zu gehorchen meint?

Biblische Parallelen

Die Verlockung der Schlange (Gen 3,4-5: sein wie Gott, sein eigener Herr sein). Wer sich selbst für „herr-lich" hält, ist noch lange nicht frei.

Punkt für Punkt

„Merkt euch alles gut", hatte Gott gesagt, „es ist nicht viel, was ihr beherzigen sollt, aber es ist sehr wichtig. Da ist nicht ein Gesichtspunkt, den ihr verlieren dürft." Und Adam und Eva nickten, und doch begannen sie zu vergessen, Punkt für Punkt, und aßen bald darauf von dem Baum, von dem zu essen Gott verboten hatte. So mußten sie den Garten verlassen, und ihr Sohn erschlug seinen Bruder, und der Urenkel sang das Lied des Krieges.

Da sagte Gott: „Ich habe den Menschen nach meinem Ebenbild geschaffen, doch er verzerrt meine Züge und verliert, was ich ihm aufgetragen habe. Ich will ihm noch einen Sohn schenken; wann immer er den anschaut, soll er an meine Worte erinnert werden: Punkt für Punkt." Und er ließ Eva den sommersprossigen Seth gebären und sagte lächelnd: „Das ist der erste Mensch, der keinen meiner Gesichtspunkte verlieren wird, und er soll nicht der letzte sein."

Kurzinterpretation

Bezüglich der Außenseiterproblematik gilt das unter „Die Ohren im Wind" Gesagte: Hier sind es die Sommersprossen, dort die abstehenden Ohren, die als individuelle „Gütezeichen" zu offensiver Selbstannahme und Verzicht auf Gespött helfen wollen.
Der Mensch ist bisweilen zu schwach, Gottes Punkte zu halten. Eines aber könnte jeder: sich ihrer wenigstens nicht zu schämen.

Zur Gesprächsführung

Um den Inhalt ausloten zu können, muß die Zweideutigkeit des Wortes „Gesichts-Punkte" (einmal als Sommersprossen, einmal als Aspekte gemeint) bewußt sein: Beide Lesarten durchdringen sich allerdings derart in der Geschichte, daß von einer anzustrebenden Zusammenschau gesprochen werden kann.

Biblische Parallelen

Adam und Eva (Gen 2,7ff)
Kain erschlägt Abel (Gen 4,3ff)
Kains Nachfahre mißversteht den Kain zugesagten Schutz und besingt die Eskalation der Vergeltung (Gen 4,13ff, bes. VV. 23-24)

Das letzte der Tiere

Nachdem Gott, der Herr, all die Tiere auf dem Felde und all die Vögel unter dem Himmel geschaffen hatte, brachte er sie zum Menschen und wollte sehen, wie der mit ihnen umginge.

Da sprach der Mensch: „Die haben ja Haare, wo ich keine habe, und Federn, die ich nicht besitze. Ich will ihnen das Fell abziehen und mich hineinwickeln und will ihnen die Federn ausreißen und mich damit schmücken; vielleicht, daß ich das Fliegen lerne und meinen Fuß in den Himmel setze." Und es geschah also. Der Mensch nahm sich Fell und Federn, wann immer er wollte und übte, seinen Fuß in den Himmel zu setzen.

Da schuf Gott als das letzte der Tiere das Chamäleon: Nackt war es, ohne Fell und Federn und von Gott geschaffen, um den Menschen zu foppen. Hatte es noch eben mit leuchtender Farbe dessen Begierde geweckt, so huschte es schon im nächsten Moment ins Geröll, und seine graue Haut machte es Sand und Steinen gleich.

Dieses Geheimnis wollte dem Menschen nicht mehr aus dem Sinn. Tag und Nacht dachte er darüber nach, doch die

Dinge begannen ihm zu entgleiten wie jenes geheimnisvolle Tier. Wenn er eben dabei war, seinen Fuß in einen Himmel zu setzen, huschte der davon oder wechselte seine Farbe, wurde matt und grau ...

Kurzinterpretation

Der Mensch mißbraucht den Schöpfungsauftrag, bewertet seine Mitgeschöpfe nur nach dem Nutzen-Prinzip.
Phasen des Nichtgelingens, der Ineffektivität und das Entgleiten sicher gewähnter Höhen dienen dem Menschen, bewahren ihn vor dem Größenwahn.

Biblische Parallelen

Die Namensgebung der Tiere durch den Menschen (Gen 2,18-20) ist Inbesitznahme (siehe oben) im Sinne einer Voraussetzung zur Kommunikation. Nicht zufällig ist sie deshalb der Schaffung der Frau (Gen 2,21f) als höchstem Kommunikationspartner des Mannes vorangestellt. Das Märchen spricht von derselben Situation, aber aus der Sicht nach dem „Sündenfall", und muß so von einer ganz anders erfahrenen Inbesitznahme des Tieres durch den Menschen ausgehen: Er benutzt das (in theologischen Dimensionen gesprochen „sündlose" und deshalb wohl auch als Opfer geeignete) Tier, um den Himmel zu stürmen. Vgl. dazu auch Gen 11,1-9: Turmbau zu Babel. Hier will der Mensch „sich einen Namen machen" (vgl. Gen 11,4), das aber würde alle gesunde Kommunikation zerstören: Wer Interesse am berühmt(–berüchtigt)en Namen hat, ist letztendlich nur am Selbstgespräch interessiert.
Deswegen darf der Mensch alles benennen, aber nicht sich selbst. Deswegen geben jüdische wie christliche Eltern ihrem Kind einen Namen im Angesicht Gottes, behält Gott sich sinnträchtige Namensgebungen selbst vor (Abraham, Israel), deswegen läßt der biblische Autor den Mann (hebr. „isch") von der Frau sagen, *man wird sie* Männin *nennen* (wie Luther das „ischah" im hebräischen Wortspiel von Gen 2,23 wiederzugeben versuchte). Der Mann ist

nicht der Besitzer der Frau, so wenig wie er Besitzer seiner selbst ist: Alles ist euer, ihr aber seid Christi (vgl. 1 Kor 3,22f). Erst in der gefallenen Schöpfung erdreistet Adam sich, seine Frau mit der Namensgebung „Eva“ (Lebensspenderin) nicht nur zu ehren, sondern auch zu belasten: Wieviel Leid hat die Erwartung des Mannes, in seinen Söhnen weiterzuleben, der Frau in ihrer Kinderlosigkeit (gemeint ist eigentlich „Sohnlosigkeit“) gebracht, wovon auch die Bibel zu berichten weiß.

Motivparallelen

Märchen vom Fischer und seiner Frau (Moral: Der Mensch hat nie genug)
Sage von Ikarus, der der Sonne zu nah kam

Warum die Giraffe einen so langen Hals hat

Als Adam und Eva vom Baum der Erkenntnis gegessen hatten, konnten auch die Affen, die dem Menschen ja alles nachmachen mußten, nicht mehr widerstehen. Doch als die ersten Affen nach den Früchten griffen, geschah etwas Seltsames: Ihre Füße wurden ihnen schwerer und schwerer und der Hunger auf die Früchte immer größer und größer. Und so aßen und aßen sie und griffen immer höher, denn von den unteren Zweigen hatten sie in ihrer Gier bald alles abgesammelt. Doch da mit jedem Bissen auch ihre Füße immer schwerer wurden, als würden sie an der Erde festkleben, war es mit dem munteren Klettern und Springen vorbei, und sie reckten und streckten sich und fraßen und fraßen und wuchsen langsam in die Höhe. Und da sie den Hals nicht voll genug bekommen konnten, wuchs zuerst der Hals immer höher und höher, wurden schließlich auch die Beine immer länger und länger, bis ihr gefräßiges Maul den

Gipfel des Baumes erreicht hatte und keine Frucht mehr übrig war.

Da ließ die Schwere nach, die sie wie angewurzelt festgehalten hatte, und die Früchte der Erkenntnis taten ihre Wirkung: Lange bevor die gierigen Affen am Fluß ins Wasser schauten, wußten sie, daß sie nun für immer mit diesem schrecklich langen Hals und langen Stelzenbeinen durch die Welt ziehen müßten, weil sie solche Gier-Affen gewesen waren.

Aber Gott hatte ein Einsehen mit den Gieraffen, die doch nur nachgemacht hatten, was der Mensch, der sie regieren sollte, vor ihnen tat. Und da sie sich sonst nichts zu Schulden kommen ließen, zeichnete Gott sie eines Tages aus vor allen anderen Tieren: Als es nämlich zu regnen begann für die große Flut und Noah viel zu spät bemerkte, daß Dach und Tor der Arche zu niedrig waren, um die Gieraffen einzulassen, da schickte Gott sie auf den Berg Ararat und ließ das Wasser nur so hoch steigen, daß der Kopf der Gieraffen gerade noch herausschaute.

Die Christen aber erzählen sich noch eine andere schöne Geschichte. Als nämlich der Messias gekommen und auferstanden war, hatten alle Menschen und Tiere einen Wunsch frei. Da wünschten sich die Gieraffen, die längst alle Gier verloren hatten, daß als Zeichen der Vergebung das „e“ aus ihrem Namen genommen würde, und so geschah es.

Aspekte

Die Gier nach immer mehr läßt den Sinn nach Höherem stehen, aber alles Erhaschte, jeder Besitz kettet auch an, belastet: Es reißt einen förmlich entzwei.

„Nomen est omen“. Gerade die Bibel kennt den Namen als pointierte Charakterisierung seines Trägers. So hat auch die Umbenennung des „Bekehrten“ eine lange religiöse Tradition: Aus „Jakob“, dem „Betrüger“, wird „Israel“, ein „Kämpfer für Gott“ und der Na-

mensgeber seines Volkes (vgl. Gen 32,25-31); aus dem sprichwörtlichen „Saulus“ wird ein „Paulus“ (vgl. Apg 9,1-19).
Wie Gott uns sieht, das ist unser wirklicher Name! Da haben viele Gieraffen durch Christus ihr „e“ verloren – Gott sei Dank.
In dieser Tradition steht auch die christliche Taufe, die das Kind bewußt im Namen des dreieinigen Gottes benennt: „Ich habe dich beim Namen gerufen, du gehörst mir.“ (Jes 43,1)

Impulse

Wie gehen wir mit den Namen anderer um? Wie benennen und beschimpfen wir manche, sperren sie in Schubladen ein, schreiben ihnen Rollen zu, denen sie gerecht werden müssen, wollen sie nicht unseren Unwillen erregen.
Wieviel Erwartungen verkünden selbst die guten Namen, die Kosenamen, die unsere Liebe vergibt; wieviele unserer Träume und Wünsche beengen den anderen!
Verleihen auch wir Namen, die vergeben und befreien? Nicht weniger wichtig: Wissen wir, daß wir bei einem solchen gerufen sind?

Methodentip

Wenn das „Strickmuster“ des typischen Schöpfungsmärchens erst einmal erkannt ist, können eigene Geschichten geschrieben und erzählt werden.
Welche „Botschaft“ soll vermittelt werden? Was dient als Aufhänger? (Z.B. der lange Hals der Giraffen oder ...) Schon hier setzt das Lernen ein: Lernen, mit offenen Augen für die kleinen und großen Wunder durch die Welt zu gehen.

Wo das salzige Meer herkommt und dieses und jenes

Als der liebe Gott klein war, spielte er in einem riesigen Sandkasten und machte aus Kleckermatsche Mann und Frau.

Die sprangen ihm sofort aus den Händen, bauten eine Sandburg und riefen: „Besichtigung 90 Pfennig. Kinder die Hälfte!" Da mußte Gott schnell noch weitere Menschen machen, damit das Geschäft lief.

Die aber sprangen ihm ebenfalls sofort aus den Händen, stellten Häuser auf, in denen die anderen übernachten sollten, bauten Würstchenbuden und Eisdielen und dieses und jenes, und alle – streckten die Hand aus.

Da mußte Gott immer mehr Menschen machen, bis die Papierkörbe und Sandhügel von Flaschen, Büchsen und Papier überquollen und der liebe Gott zu weinen anfing.

Und als am nächsten Morgen die Sonne aufging, war der liebe Gott nicht mehr zu sehen, aber das salzige Tränenmeer und die Reste des Sandkastens findet Ihr noch heute und natürlich die Eis- und Würstchenbuden, Flaschen und Dosen und dieses und jenes ...

Impulse

Ein kindlich naiver Gott, der der rücksichtlosen Geschäftstüchtigkeit des Menschen nicht gewachsen scheint? Der nun nichts anderes mehr weiß, als zu weinen? Aber was sind das für Tränen, das Meer – eine riesige reinigende Kraft; zumindest bis in unsere Tage. Dann begann der Mensch auch dieser Kraft gewachsen zu sein und ihr „dieses und jenes" zuzumuten, was selbst solche Tränen nicht mehr fortweinen können.

Die Theodizeefrage („Warum läßt Gott das Leid zu?") ist ebenso brennend, wie eine befriedigende Antwort Kindern und Erwachsenen gleichermaßen schwer zu vermitteln ist. Da gibt es eigentlich nur einen gemeinsamen Nenner aller tiefergreifenden Antworten: Gott läßt das Leid nicht zu, er erleidet es selbst. Daß der allmächtige Gott leiden kann, ist ein geheimnisvolles Paradoxon und hat auch in unserer Sprache tiefe Spuren hinterlassen: Daß einer „uns gut leiden kann" – von wem sonst könnten wir dies im tiefsten Wortsinn sonst sagen?!
Geschichten, die eben dies vermitteln, daß Gott leiden kann, sind umso wichtiger, als die Videohelden unserer Zeit zu Götzen erstarren, die nichts und niemandem nachweinen.

Wie der Mensch erschaffen wurde

Ein kleines Kind spielte im Sand und formte Figuren. „Das machst du schön", sagte die Mutter, „auch der liebe Gott hat so aus Erde die ersten Menschen erschaffen."
„Es muß aber besondere Erde sein", sagte der Vater, „lehmige Erde, die man Ton nennt, nur sie kann man in die Form bringen, die man haben will; nur sie wird fest und haltbar."
„Aber wie sind die Lehmmenschen lebendig geworden?" fragte das Kind. Die Mutter schaute den Vater an, der Vater schaute die Mutter an, beide guckten zum Kind und sagten: „Das ist Gottes Geheimnis!"
„Papperlapapp!" sagte der Tischler, der gerade vorbeikam und der auf die letzten Worte schon gar nicht mehr geachtet hatte: „Papperlapapp! Lehm, daß ich nicht lache! Aus Holz sind die ersten Menschen gemacht worden, geschnitzt hat sie der Herrgott!"

Der Vater des Kindes aber war Töpfer, und da mußte er es natürlich besser wissen. Und so wollte er den Nachbarn auch gerade zurechtweisen, als das Kind abermals fragte: „Und wie sind die Holzmenschen lebendig geworden?"

Da schauten die Eltern den Tischler an, und der Tischler schaute die Eltern an, und soweit wenigstens waren sie sich einig: Ob Ton oder Holz – es war Gottes Geheimnis.

Das Kind aber fragte wieder und wieder und begann schließlich sogar zu weinen, und die beiden Männer begannen zu streiten, ob der Mensch denn nun geformt oder geschnitzt worden wäre, und die Mutter sagte immer nur: „Davon wird doch keiner lebendig." Zumindest hörte davon das Kind nicht zu schreien auf.

Schließlich kam ein verliebtes Paar des Weges, das wollte man als Schiedsrichter anrufen: Wie Gott die ersten Menschen ins Leben gerufen und ob er sie geschnitzt oder geformt hatte?
„Geliebt hat er sie!" war die Antwort – auf beide Fragen.

Kurzinterpretation

Auch in den biblischen Schöpfungserzählungen gibt es viele Details, über die zu streiten müßig ist, nicht zuletzt auch, weil zu zeigen wäre, daß schon die biblischen Autoren nicht die Absicht hatten, jedes Detail zu klären: Wie Gott den Menschen gemacht hat, zum Beispiel, und wann und wo.
All dies ist nur Kulisse für die eigentlichen Aussagen, die alle in einer zusammenlaufen: Daß Gott den Menschen gemacht hat, daß Er ihn gewollt hat, daß der Mensch von Anfang an als Gegenüber der Liebe Gottes gedacht ist und darin seine Bestimmung hat: Gegenüber der Liebe zu sein.

Von warmen Quellen und arbeitslosen Teufeln

Als König Salomo den Thron bestieg, versprach er, allen die Arbeit zu geben, die sie gelernt hatten, und dies zum Nutzen des ganzen Volkes. Und da er ein weiser König war, gelang es ihm, sogar jenen, die Raub und Krieg, Betrug und Mord ihr Handwerk nannten, eine Beschäftigung zu geben, die ihnen gemäß war und doch niemandem schadete; wovon sich manche Geschichte erzählen ließe. Wir wollen uns aber auf die eine beschränken, die gleichsam für alle sprechen möge.

Es kamen nämlich eines Tages zahlreiche Teufel zu Salomo und klagten ihm ihr Leid. „Dies, großer König", so sprachen sie, „ist die Schattenseite deiner Fürsorge: Keiner deiner Untertanen fällt mehr in unseren Zuständigkeitsbereich, und so sitzen wir allein in der Hölle und raufen uns die letzten Haare aus. Du aber hast einem jeden Arbeit versprochen und noch dazu jene, die er gelernt hat!"

Salomo musterte die Abordnung der Hölle und blinzelte vergnügt, als er fragte: „Nun denn, was habt ihr gelernt – sagt es frei heraus, was tut ihr am liebsten?" Da entfuhr es den struppigen Gesellen wie aus einem Mund: „Das Höllenfeuer schüren!" – „Gut", sagte Salomo, „das läßt sich brauchen. Laßt uns dies vereinbaren: An jenen Stellen der Erde, wo Risse unter Quellen und Seen hinunterreichen bis in die Hölle, gebe ich die Menschen, egal was sie getan haben, in eure Hand, daß ihr ihnen einheizen könnt, wenn sie ins Wasser steigen."

Da stoben die Teufel mit freudigem Gejohle davon und begannen eifrig, hier und da auf der Erde Quellen zu heizen, ohne zu wissen, daß die Menschen gerne und gegen mancherlei Leiden ins Wasser steigen würden. Und so lassen die Teufel noch heute mancherorts das Wasser dampfen, wann immer ein Mensch in der Nähe ist oder auch nur von weitem schaut; denn ganz ohne Zuschauer macht selbst den Teufeln das Teufel-Sein keinen Spaß. Wenn Du also sehen willst, wie die Teufel Pause machen, mußt Du schauen, wenn gerade kein Mensch schaut.

(nach einem jüdischen Märchenmotiv)

Zum Weiterdenken

Ob und wie selbst das Böse einzubinden ist zum Wohle des Ganzen, ist ein altes Menschheitsproblem. – Wie steht es damit zum Beispiel im Strafvollzug, in der Resozialisation etc.?

Impulse

Wie reagieren wir auf die „Teufelchen", die uns „einheizen" wollen? Haben wir Salomos Kreativität, das Ganze zum Guten zu wenden? Manchmal kann es aus pädagogischen Gründen sinnvoll sein, den „Bock zum Gärtner zu machen" und „schwierigen" Kindern besondere Aufgaben zu übertragen.

Der Schatz im Brunnen der Räuber

Es waren einmal sieben Räuber. Die wohnten in einer großen Höhle an einem ganz und gar merkwürdigen Brunnen. Statt Wasser nämlich konnte man Wein aus ihm schöpfen, und über dem Brunnenrand stand eine große Waage. Das alles hatten die Räuber schon so vorgefunden, als sie sich eines Tages hier niedergelassen hatten. Seitdem stürzten sie sich zu jeder Tages- und Nachtzeit auf den Brunnen. Oft standen sich zwei von ihnen gegenüber, ließen abwechselnd die eine und die andere Riesenschüssel in den Wein hinunter und tranken dann die Schalen leer, obwohl die so groß waren wie das Karussell auf dem Weihnachtsmarkt. „Wie?" werdet Ihr jetzt sicher denken: „Ist die Erde so ungerecht, daß sie den Räubern Wein schenkt, wo andere nicht einmal Wasser haben?"

Eines Morgens aber war der Brunnen leer. Eine der beiden Waagschalen jedoch ragte weit in die Luft, und die andere mußte wohl ganz tief unten auf dem Brunnengrund ruhen. Vorsichtig beugten die sieben Räuber sich über den Rand des Brunnens und schauten hinunter. Tatsächlich – da lag die große, runde Schale ganz tief unten, und von dem Wein war wirklich nichts mehr da. Stattdessen aber sahen sie eine Truhe. Die stand mitten auf der Waagschale. Wie konnte die dort hinunter gekommen sein, und wer hatte sie ihnen auf die Waage gestellt? Der Räuberhauptmann wußte es natürlich als erster: Jemand mußte über Nacht den Brunnen leergetrunken haben, und aus Angst, die Räuber könnten ihn am nächsten Morgen dafür verfolgen und bestrafen, hatte er ihnen eine Schatztruhe als Bezahlung in den Brunnen gelegt. „Wie?“ werdet Ihr nun wieder denken: „Ist die Welt so ungerecht, daß sie den Räubern, die doch morden und stehlen, mit Gold bezahlt, was ihnen doch gar nicht gehörte?“

„Sauber!“ sagte der stellvertretende Räuberhauptmann.
„An die Arbeit, Männer!“ sagte der Räuberhauptmann, und da zogen sie auch schon alle miteinander an den Schnüren. Aber die Waagschalen bewegten sich keinen Zentimeter.

„Das wird sich lohnen!“ sagte der Räuberhauptmann.
„Sauber!“ meinte der stellvertretende Räuberhauptmann.
„Und wie bekommen wir sie nach oben?“ fragte der kleinste Räuber. „Hm...“ machten die anderen.
„Reinsetzen!“ sagte der Räuberhauptmann und zeigte auf den kleinsten Räuber.
„Sauber!“ sagte der stellvertretende Räuberhauptmann und „Reicht nicht“ die anderen. Denn der kleine Räuber war sofort gehorsam in die Waagschale geklettert, und trotzdem bewegte sich nichts.
„Alle Mann in die Schüssel!“ befahl der Räuberhauptmann.
„Sauber!“ sagte sein Stellvertreter und blieb draußen.
„Du auch“, sagte der Hauptmann.
„Hm“ meinte der Stellvertreter, und die Waagschale begann ein wenig zu schweben. Als letzter stieg also der Räuberhauptmann ein, und Ihr müßt wissen, daß er so dick war wie die andern zusammen.

„Zzzzzsssss" machte es und „Rummms", und schon war die Schatztruhe aus dem Brunnen raus und – die Räuber drin!
„Sauber!" sagte der stellvertretende Räuberhauptmann.
„Hm" meinten die anderen.
„Raus!" befahl der Räuberhauptmann und schielte nach oben.
„Sauber!" sagte sein Stellvertreter und blieb drinnen.
„Du auch!" sagte der Hauptmann.
„Hm" meinte der Stellvertreter und – die Schale begann zu schweben. Langsam aber sicher schwebte der dicke Hauptmann dem Licht entgegen, nur – die Schatztruhe senkte sich natürlich im selben Maße wieder in den Brunnenschacht hinein, bis sich beide auf gleicher Höhe begegneten und – eben da zur Ruhe kamen.

„Wie?" werdet Ihr nun einwenden: „Ist Gott so ungerecht, daß er den kleinen Räuber umkommen läßt wie den großen?" Vielleicht könnte der Wein zurückkommen und die Räuber das Fürchten lehren und – das Schwimmen.
„So", werden da die anderen sagen, „sind die Halunken also doch wieder entwischt!"

Kurzinterpretation

Eine Parabel vom Umgang des Menschen mit der Erde und ihren Schätzen. Was nutzt es, kleine und große Räuber zu unterscheiden, und wie definieren wir Gerechtigkeit?
Die Ausbeutung der Erde und der Menschen untereinander gehen Hand in Hand: Eine Gesamtschau von Frieden – Gerechtigkeit – Schöpfung ist erforderlich. Nur eine wirklich „globale" Gemeinschaft kann die Probleme von Gegenwart und Zukunft lösen. Das Wiedererwachen nationaler Egoismen schlägt solchen Erkenntnissen ins Gesicht.

Film

Hier bietet sich der Puppentrick-Kurzfilm „Balance" an (als 16-mm-Film oder VHS-Kassette im Verleih erhältlich): Fünf Figuren auf einer schwebenden Plattform halten diese nur solange im Gleichgewicht, wie sie sich gleichmäßig auf ihr verteilen, bald aber beginnt der Kampf um eine geheimnisvolle Truhe ...

Die verkaufte Sonne

Es gab einmal ein Land, dessen Einwohner die Sonne verkauften. Das geht doch gar nicht, sagt Ihr. Und wie sie das gemacht hätten, wollt Ihr wissen? Na, ganz einfach: Überall, wo Sonnenstrahlen die Erde berührten, stellten sie kleine Kabeltrommeln auf und wickelten die Strahlen darum herum wie einen langen, dünnen Gartenschlauch. Dann trugen sie die Sonnenstrahlenkabeltrommeln zur Strahlenkabeltrommelsonnenbank, und dort wurden die Strahlen in verschiedene Kabeltrommelsonnenstrahlengüteklassen eingestuft und an die zuständigen Fabriken zur Weiterverarbeitung abgegeben. Die stellten nun die unterschiedlichsten Dinge daraus her: Die ganz langen Strahlen zum Beispiel wurden auf Filmspulen gezogen, da konnten sich die Leute auch nachts die Sonne im Kino angucken. Kleine und schrumpelige Strahlen jedoch wurden kleingehackt und als Sonnensalat verkauft, das Kilo zu einer Mark achtzig. Da konnte sich jeder die Sonne leisten.

Aber die Leute kauften sich mehr Sonne, als ihnen gut tat, und verbrannten sich die Haut, manche sogar Zunge und Magen, weil sie das Kleingedruckte nicht gelesen hatten: Sonnensalat – nur zur äußeren Anwendung!
Andere verkauften ihre Lampen und Zentralheizungen, heizten und leuchteten nur noch mit Sonnensalat und überlegten, ob sie sich nicht auch eines dieser speziellen Sonnen-

strahlenaufwickelgeräte zulegen sollten, das zwölf Kabeltrommeln vereinte.

Für die Touristen vor allem gab es die Sonne natürlich auch auf Flasche gezogen, als Seife, T-Shirt, in Schokolade eingebacken, als Spray natürlich und in Postkarten gepreßt, die auf Knopfdruck leuchteten.
Jede Liege in den besseren Hotels hatte ihre eigene Strahlenfangversorgung und strahlte ab, wenn sich der Himmel vorübergehend etwas bewölkte.

Inzwischen liefen allerdings auch schon einige Prozesse wegen Sonnenklau, weil natürlich niemand seine Kabeltrommeln aufstellen durfte, wo ihm der Boden nicht gehörte. Was aber war, wenn Flugzeuge während des Fluges in 10.000 Meter Höhe Sonnenstrahlen aufwickelten und die Eigentümer der unter den Flugrouten liegenden Grundstücke nun die Fluggesellschaften wegen Sonnenstrahlenraubes verklagten?

Aber noch während sich die Leute die Köpfe heiß redeten, gab es plötzlich nichts mehr zu wickeln, denn nirgendwo war auch nur noch der kleinste Sonnenstrahl zu sehen. Da könnt Ihr Euch sicher das Zähneklappern vorstellen, denn der letzte Sonnensalat war schnell verbraucht, und Kinokarten wurden auf den Schwarzmärkten zu immer unerschwinglicheren Preisen gehandelt.

Dabei hatten die Wissenschaftler doch unaufhörlich versichert, die Sonne könne gar nicht aufhören zu scheinen, und nun hörten sie sogar beide gleichzeitig auf: die Sonne mit dem Scheinen und die Wissenschaftler mit dem Versichern.

Da war guter Rat teuer. Und wie so oft in solchen Fällen erinnerte man sich einer alten Frau, die schon ganz zu Anfang auf die Sonnenstrahlenaufwickelgeräte geschimpft und tagelang mit einem Schild am Strand gesessen hatte, worauf stand: Wer dem Tintenfisch die Arme abschneidet, muß sich nicht wundern, wenn das Meer nicht mehr blau ist.

Aber da hatten die Leute nur gelacht und einer sagte: „Wenn die Sonne ein Tintenfisch ist, bin ich blau!“ und dann haben sie alle losgebrüllt, und die Alte hat ihr Schild eingepackt und ist fortgegangen.
Jetzt gingen die Leute zu ihr und fragten, wann die Sonne wiederkäme. Aber die Alte zuckte nur mit den Achseln und murmelte „Ausverkauf“.
Inzwischen hatten die Wissenschaftler, die sich vom ersten Schreck erholt hatten, begonnen, aufs neue zu versichern, daß die Sonne zumindest zum jetzigen Zeitpunkt noch zu strahlen habe und gar nicht anders könne und ...
„Papperlapapp“, sagte die Alte, „die Erde dreht sich, der Mond und natürlich auch die Sonne – alle drehen sich zueinander und strahlen sich an, und aus dieser Freude schöpfen sie die Kraft, zwischendurch auch immer wieder einmal uns Menschen anzuschauen. Schneidet man aber einem von ihnen die Arme ab, so kann er sich nicht mehr drehen.“

Da gingen die Leute schweigend in ihre Häuser zurück.
Als aber nach vielen Tagen für einen winzigen Moment die Sonne zu sehen war, versteckten sie schnell alle Kabeltrommeln und schickten die Kinder auf die Straße zum Sonnenstrahlenstreicheln. Und ich glaube, die Sonne hat sich noch einmal erholt.

Kurzinterpretation

Die (Ver)Käuflichkeit der Sonne(nstrahlen) als Inbegriff der Ausbeutung der Natur durch den Menschen: Die Perversion der Vermarktung ist auf ihrem Höhepunkt angekommen. Die märchenhafte Logik ist erschütternd: Alle Elemente des Kosmos stehen untereinander in Beziehungen, und der Mensch tritt in Erscheinung als der, der diese Beziehungen und die darin ruhenden Kräfte der Selbsterneuerung unterbricht und sich damit selbst um ihren Nutzen bringt.
Vieles läßt sich nicht (ver)kaufen. Aber manche versuchen es trotzdem.

Arm und Reich

Vom Verdienst der Meisen

Zu der Zeit, als die Menschen begannen, den Turm zu bauen in Babel, ging auch unter den Vögeln eine große Unruhe um. So begannen plötzlich die Meisen, einander zu hacken wie die Hühner und um die Wette zu picken und zu fliegen: Wer kann es schneller, wer kann es weiter, wer kann es höher?
Und da einige in allem die besten waren, schauten sie auf die anderen herab und nannten sie B- und C-Meisen, sich selbst aber A-Meisen. Und bald schon waren einige Bäume für sie reserviert, und selbst den Luftraum begannen sie einzuteilen.
Dann und wann gab es großes Geschrei, ob C-Meisen ihr Leben lang solche bleiben müßten oder aber sich hochpicken könnten, sozutschilpen von der Picke an. Oder auch, ob die Kinder von A-Meisen diesen Vorzug mit ins Ei gelegt bekämen, oder sich hochzuflattern hätten, um ihren Stand zu beweisen.
Einige, so hieß es, hätten vorzeitig das Nest verlassen, um ihre Eltern nicht durch ihr Versagen zu beschämen. Andere aber plusterten sich auf und jagten Insekten und Würmer, als gelte es, ganze Silos damit zu füllen, so daß unter den anderen Vögeln das geflügelte Wort aufkam: „Du hast wohl 'ne Meise!"

Eines Tages machten einige dieser Nimmermüden auf sich aufmerksam, als sie einen Adler verspotteten: „Mehr als zehnmal größer bist du als wir, und hast doch nur ein Paar Flügel zum Fliegen und einen Schnabel zum Picken. Wie willst du bestehen, wenn der Herr des Himmels dich einst nach deinen Verdiensten fragt? Ach, daß wir noch hundert-

mal kleiner wären, als wir es jetzt schon sind; wir wollten dich lehren, was es heißt, fleißig zu sein!"
Da breitete der Adler seine mächtigen Schwingen aus, und der Wind hob ihn empor, und er dankte dem Schöpfer für den Flug, der ihm zufiel wie ein Geschenk.
Damit aber auch die A-Meisen ihren Schöpfer nicht unrecht schelten sollten, erwachten sie am anderen Morgen, wie sie gewünscht hatten, hundertfach verkleinert, in Arbeitskleidung krabbelnd auf dünnen Beinchen.

Und so kennen wir sie noch heute: immer bemüht, einander an Fleiß zu übertreffen, manche immer noch dabei, den Turm zu bauen, der schon den Menschen nicht gelang. Und doch sind sie in all ihrer Mühe viel weiter vom Himmel entfernt als ihre früheren Artgenossen, die nun wieder ganz einfach Meisen heißen dürfen und sich darüber freuen.

Kurzinterpretation

Die Kategorisierung der Meisen macht aus den sprichwörtlich unbekümmerten Vögeln („Sieh die Vögel unter dem Himmel, sie säen nicht ... und ihr himmlischer Vater ernährt sie doch") ebenso sprichwörtliche „Arbeitstiere": Ameisen – als Ergebnis jener Klassifizierung, mit der sie sich natürlich von den B- und C-Meisen abzusetzen gedachten.
Jede Einteilung in Wertesysteme degradiert – auch und gerade den Einteiler. Er verliert sein Eigenstes – als Meise den Vogel-Himmel, als Mensch die Menschlichkeit (und damit den Himmel, den er in Aktionen wie dem Turmbau zu Babel gewinnen wollte).

Biblische Parallelen

Turmbau zu Babel (Gen 11,1-9)

Wie die Angst zu den Hasen kam

Es gab einmal eine Zeit, da hießen alle Hasen nur Hase und alle Spatzen nur Spatz. Niemandem waren Angsthasen bekannt, und niemand hatte von Dreckspatzen gehört. Das war, bevor die Menschen begannen, jedem Ding und Wesen zum zweiten Mal einen Namen zu geben, denn es reichte ihnen nicht mehr, alles kennenzulernen und beim Namen zu nennen, sie wollten nun die Welt einteilen in gut und böse, in groß und klein, in mein und dein, und dazu braucht man natürlich einen zweiten Namen.

Viele Kinder zum Beispiel trugen den gleichen Namen, und das war manchen Eltern gar nicht recht. Also nannte der König seinen Hans „Hans König" und der Müller mußte den seinen „Hans Müller" nennen. Auch durften die Königskinder und die Müllerskinder nicht mehr miteinander spielen. Sie konnten das allerdings nicht verstehen, hatten sich auch viel zu gern und fanden Mittel und Wege, das Verbot zu umgehen. Die Väter, wenn sie davon erfuhren, schrien: „In drei Teufels Namen – ihr sollt uns kennenlernen!" Dann bekamen es die Kinder mit der Angst zu tun, die wuchs in ihrem Magen zu einem dicken, schweren Kloß und flüsterte ununterbrochen: „Dein Vater ist ein Rabenvater, Raben-Vater, Raben-Vater ..."

Wer weiß, wo das hingeführt hätte, wäre nicht eines Tages ein Hase auf einige dieser verängstigten Gestalten aufmerksam geworden. „Was schaut ihr denn so, als gäbe es keine Möhren mehr?" fragte er, und die Kinder, die noch nicht gelernt hatten, daß es völlig sinnlos ist, sich mit einem Hasen zu unterhalten, erzählten und luden all ihre Angst bei ihm ab. Der solchermaßen bepackte Hase aber schlug drei, vier Haken und schon lag die Angst im Gras und humpelte schimpfend davon.
„Leider haben wir nicht so flinke Hasenfüße wie du", sagten die Kinder, „die Angst wird zurückkommen und uns einho-

len." – „Das macht nichts", sagte der Hase, „morgen stelle ich euch meine ganze Verwandtschaft vor, und wenn wieder einen von euch die Angst packt, denkt ganz fest an uns. Die Angst nämlich wandert mit den Gedanken. Sie kommt einem wie von selbst in den Kopf, aber sie geht auch, wenn man jemanden hat, dem man von ihr erzählen kann, und sei es nur in Gedanken. Den nimmt sie sich dann vor, und es ist gut, wenn er ein echter Hasenfuß ist und vor lauter Grübeln das Springen noch nicht verlernt hat."

So geschah es dann auch; und daß die Geschichte wahr sein muß, kann jeder sehen, denn wo die Kinder keine Angst mehr haben, spielen die von Königs wieder mit denen von Müllers, Özlems und Droslowskis und wie sie alle immer noch heißen mit ihren zweiten Namen, deren Bedeutung sie schon fast nicht mehr wissen. Denn die Kinder bekamen Kinder und die Kinder wieder Kinder und Kindeskinder, die sogar vergaßen, daß Angsthase und Hasenfuß einmal Kosewörter und Ehrentitel waren. Mancher verkehrte sie sogar ins Gegenteil und verspottet nun die, die, ohne daß er es noch weiß, etwas tragen von seiner eigenen Angst.

Kurzinterpretation

Eine rigide Einteilung der Welt, geleitet von dem Interesse, ihr die eigene Auffassung von gut und böse, von groß und klein, von wichtig und unwichtig aufzuprägen, läßt Namen zu Trennwänden werden: Trennung macht Angst, und Angst sorgt für Trennung – ein Teufelskreis.

Zum Weiterdenken

Die durch ihre Verfremdung ungewöhnlich positive Umdeutung des Begriffes „Angsthase" kann ermutigen, auch andere Negativbegriffe unter die Lupe zu nehmen. Theologisch besonders bedenkenswert wäre der „Sündenbock": früher ein realer Bock, vom alten Israel einmal im Jahr mit der Schuld des Volkes rituell belegt in die Wüste gejagt – ein Brauch, den das Christentum nicht übernahm, weil es in Christus den eigentlichen „Sündenbock" sah, der unschuldig die Schuld der anderen auf sich nahm. All dies, damit nie wieder ein Mensch von anderen als Opfer ausgesucht werden muß – was jedoch tausendfach geschah, wovon der heutige Sprachgebrauch des Wortes „Sündenbock" zeugt.

Warum die Tiere keinen König mehr haben

Am Anfang der Zeit sprach der Löwe zu den Tieren: „Wenn ihr mich zu eurem König macht, so will ich für euch sprechen, wenn eines Tages Gott über euch richten wird. Tausend Gleichnisse trage ich unter meiner Mähne, die sollen wohl reichen, euch zu verteidigen."

Und die Tiere machten den Löwen zu ihrem König. Als aber die Sintflut hereinbrechen sollte über Mensch und Tier und Noah Gericht hielt, um an Gottes Stelle Paar für Paar die Gerechten zu finden, und die Tiere in Scharen zu ihm zogen, sprach der Löwe:
„Ach, verzeiht mir, aber 500 Gleichnisse habe ich vergessen."
Doch die Tiere waren guten Mutes und sprachen: „Die anderen 500 sollen wohl reichen."
Aber nach einem Stück Weg sprach der Löwe abermals: „Ihr müßt entschuldigen, aber weitere 400 Gleichnisse sind mir entfallen."
Doch die Tiere waren guten Mutes und sprachen: „Auch 100 werden wohl reichen."
Und ein letztes Mal sagte der Löwe: „Vergebt mir, aber nicht ein Gleichnis will mir mehr einfallen."
So mußten sie wohl oder übel alle für sich selber sprechen.

(frei nach einem jüdischen Witz)

Kurzinterpretation

In den letzten Dingen trägt jeder eine Verantwortung, die ihm niemand abnehmen kann. Vor Gott kann man sich nicht herausreden, etwa mit dem Satz „Ich habe doch nur auf Befehl gehandelt." Denn: „Man soll Gott mehr gehorchen als den Menschen."
Die Mächtigen der Welt versprechen viel, um noch mächtiger zu werden, und halten wenig, wenn sie es geworden sind. Manchmal versprechen sie, was ein Mensch gar nicht halten kann. Wofür halten sie sich dann? Und vor allem: Wofür halten sie uns?

Das längste Märchen in kürzester Zeit

Es war einmal ein Land, in dem gut zu leben gewesen wäre, hätte es nicht einen König gehabt, dessen Grausamkeit die Bürger in Angst und Schrecken hielt. Das schlimmste Spiel, das er mit ihnen trieb, entsprang seiner merkwürdigen Gier nach dem längsten Märchen der Welt, das er aber gar nicht hören wollte. Eines Tages nämlich hatte er durch seine Ausrufer im ganzen Land verkünden lassen: „Seine Herrlichkeit, der König von Paradoxien, wünscht jeden Abend, wenn sich der Himmel zum Abendrot anschickt, einen Untertan zu sehen, der ihm das längste Märchen der Welt erzählt, und damit zu Ende kommt, ehe die Sonne versunken ist. Andernfalls wird er selbigen in kürzester Zeit der längsten Strafe aussetzen. Kommt aber niemand, so soll vom nächstliegenden Dorf an eines nach dem andern dem Erdboden gleich gemacht werden."

Da sandte jeder Ort der Reihe nach jeden Abend einen Unglücklichen, den das Los getroffen hatte, und sah ihn nicht wieder, denn der stets unzufriedene König schickte sie, ehe der Morgen graute, in den längsten Stollen des Reiches, Erze zu hauen, an den tiefsten Brunnen des Palastes, Wasser zu schöpfen, und auf den höchsten Turm der Stadt, schlaflos zu wachen, obwohl doch die Treppe allein einen gesunden Mann schon drei Stunden in Atem hielt.

Eines Abends kam eine Frau in die Stadt, in der das Königsschloß stand, die war weder jung noch alt, weder schön noch häßlich, die wäre überhaupt nicht aufgefallen, hätte sie nicht freiwillig dem König das längste Märchen der Welt erzählen wollen.
Da sammelten sich die Menschen um sie und sprachen untereinander: „Ist sie nicht wunderschön? Eine Schande, daß so ein junges Ding schon sterben soll!"
Und andere sagten: „Seht nur, von wieviel Weisheit ihr Gesicht gezeichnet ist, vielleicht hat uns der Himmel diese Alte geschickt mit einer Geschichte."

Die Frau aber ging schnurstracks zum König und grüßte ihn nicht, sondern begann sofort zu erzählen, und er ließ sie gewähren, denn wer noch Zeit hatte zu grüßen, der konnte gewiß nicht mehr das längste Märchen der Welt erzählen.
Ihre Geschichte aber war diese:

Es war einmal ein schöner, aber sehr dunkler Wald; in dem suchten die Tiere einen neuen König. Und sie waren untereinander einig geworden, daß der die Krone erhalten sollte, der ihnen erzählte, was keiner weiß und auch niemand wissen wird.
Da kam der Fuchs und begann: „Nachts, wenn alles schläft, schleiche ich mich heimlich zum Bauern und stehle ihm seine besten ..." – „Wissen wir, wissen wir!" riefen da die Tiere, noch ehe er ausgeredet hatte, und sie lehnten ihn ab.
Als nächstes bewarb sich der Hase und sprach: „Das Huhn legt meine, denn ich lege keine." – „Ei, ei!" riefen da die Tiere, „das wußten wir noch nicht, aber jetzt wissen wir es auch!" und sie lehnten ihn ab, meinten allerdings, er hätte gut gesprochen und stellten ihm den Posten des Vizekönigs in Aussicht.
Schließlich kam die Eule, hielt beide Augen geschlossen und sagte: „Ich weiß ein Geheimnis, das macht alle blind, die da-

von hören." – „Wollen wir gar nicht wissen!" riefen da die Tiere wie aus einem Munde, und die Eule seufzte, legte die Flügel hinter die Ohren und sprach:
„Ich kann euch leider nicht hören, aber vielleicht erzähle ich euch doch besser die Geschichte, die jeden taub macht ..."
„Wollen wir gar nicht wissen!" riefen die Tiere, aber die Eule seufzte schon wieder, hielt sich beide Füße und sagte: „Nein, nein, besser wäre wohl, ich verriete das Wort, von dem jeder lahm wird ..." – „Wollen wir gar nicht wissen!" riefen die Tiere, und die Eule seufzte noch einmal und seufzte noch einmal.
Da sagte der Eulerich neben ihr: „Hört nur gut zu, denn sie erzählt euch die Geschichte, die stumm macht."
„Aufhören, aufhören!" schrien da die Tiere und machten die Eule zur Königin.

Aber hatte da nicht noch jemand „Aufhören, aufhören!" gerufen?
Stimmt! Soeben begann die Sonne zu versinken, und der erste Minister des Königs gab zu bedenken, daß man schließen müsse.
„Das trifft sich gut", sagte die Frau, „denn mein Märchen ist zu Ende."
„Oh, wie schade", sprach der König, „dann war es ein kurzes Märchen, und du wirst dein Lebtag lang Erze suchen, Wasser schöpfen und Wache halten."
„Nein", sagte die Frau und gab dem König einen Kuß, „ich werde Königin werden, denn ich habe das längste Märchen der Welt erzählt."
„Hm", sagte der König (oder sagte er „Mmmmh?") und schmunzelte zum ersten Mal in seinem Leben, „vielleicht war es wirklich das längste, denn an DIE Spielregel (und dabei strich er sich über die Wange), an DIE Spielregel kann ich mich gar nicht mehr erinnern ..."
„Nein", rief da der erste Minister des Königs, „das Märchen war nicht länger als alle andern, und Recht muß Recht bleiben, und wenn der König geküßt wird, muß der Minister einen kühlen Kopf behalten!"

„So", sagte die Frau, „ich werde dir beweisen, daß die Geschichte länger war, als du denkst, denn du hast geschlafen und lange Zeit nicht zugehört! Die Eule erzählte vier Geheimnisse, kannst du sie mir nennen?" – „Nein", sagte der Minister.
„Schau an", meinte die Frau, „nun, da werd' ich sie dir sagen." – „Nein, nein", rief der Minister, „ich erinnere mich wieder, es war wohl das längste Märchen der Welt, da ich so wichtige Dinge vergessen konnte."

In der Hochzeitsnacht aber fragte der König seine Frau: „Sag mir, stimmt es wirklich, daß die Geheimnisse der Eule blind machen, taub, lahm und stumm?"
„Aber nein", sagte die Frau, „im Gegenteil: Sie lassen den Blinden sehen, und er muß niemand mehr zum Ausschau halten auf den Turm schicken. Sie lassen den Lahmen gehen, und er kann sich sein Wasser selbst holen. Sie öffnen dem Tauben die Ohren, und er vernimmt so wunderbare Dinge wie das Singen der Vögel, daß er das Klingeln des Goldes nicht mehr braucht, um sein Gehör zu kitzeln. Und der Stumme ..." – „Der Stumme", unterbrach sie lächelnd der König, „der Stumme weiß selbst, was er morgen in aller Frühe befehlen wird."
Und von da an hatten alle eine gute Nacht.

Kurzinterpretation

Es gibt Menschen, die wollen alles wissen, können aber nicht zuhören. Ihre harmloseste Frage ist: „Wie geht es Ihnen?" Wenn wir wirklich zu erzählen beginnen, wechseln sie nach zwei Sätzen das Thema.
Mancher ist so verhärtet, daß ihn nur noch das ganz und gar Weiche (ein Kuß zum Beispiel) verändern kann.
Der „Oberböse" ist oft selbst Gefangener seiner „Unterbösen" und mit diesen gemeinsam gefangen in den von ihnen aufgebauten Strukturen: Das Böse ist mehr als die Summe aller Bösen! Aus dieser Erkenntnis läßt sich die Kraft schöpfen, seine Machwerke zu zerstören, seine Macher aber zu erlösen.

Der erste Schattenspieler

Sultan Faduk saß wie immer des Abends beim Schein der flackernden Öllampe, starrte vor sich hin und hörte weder das Spiel der Musikanten, noch sah er die anmutigen Tänzerinnen. Da erblickte er einen Schatten an der Wand, der hin- und herschlich, seinen Säbel mal schwingend, mal verbergend, mal sich aufreckend, mal sich duckend.
„Welch interessantes Spiel“, sprach der Sultan zum Wesir, „was stellt es dar?“
„Es gilt“, sagte dieser, „den Herrscher zu töten.“
„Was hat er getan?“ fragte der Sultan.
„Er peinigt das Volk.“
„Und warum schlägt dieser nicht zu?“
„Er wartet auf den rechten Augenblick, noch steht bei jenem der Wesir.“ Sprachs und wollte gehen.
Da erkannte der Sultan die Gefahr und klatschte nach den Häschern – doch nur, um dem Eindringling ausrichten zu lassen, es warte auf ihn eine Stelle bei Hof als Schattenspieler und Lehrer des Sultans.

Kurzinterpretation

Nur der ist ein guter Lehrer (Richter, Herrscher etc.), der die Lehre (das Urteil, die Herrschaft) anderer annehmen kann; das ist auch das Korrektiv des Glaubens, daß man einen Richter und Herrscher über sich weiß, der alles menschliche Herrschen und Richten relativiert.

Biblische Parallelen

Die Korruptions-Anfälligkeit von Herrschaftssystemen hat die Geschichte meist recht unguter Verbindungen von Thron und Altar und monarchischer Legitimationsableitungen aus der Gottesherrschaft gezeigt. Das ließe sich zurückverfolgen bis auf die alttestamentlich bezeugten Auseinandersetzungen zwischen dem jahwistischen (dem Gott Israels eigenen) Rechtsverständnis und dem anderen Völkern abgeschauten Königsrecht. Die Bibel selbst enthält von Anfang an Kritik am absolutistischen Herrscher (vgl. zum Beispiel die Erzählung von Naboths Weinberg in 1 Kön 21).

Impulse

Wie wirkt die Person des Wesirs? Ist er loyal, listig, weise, berechnend, naiv? Ein „Pontius-Pilatus-Typ", der versucht, sich herauszuhalten, seine Hände in Unschuld zu waschen; der andere die schmutzige Arbeit machen läßt bzw. sich ein Hintertürchen offenläßt für die weitere Zusammenarbeit mit beiden Seiten nach der Devise: Man kann ja nie wissen, wie es ausgeht.
Oder ist er die Aufrichtigkeit in letzter Konsequenz?
Was zum Beispiel tut ein Christ (der nicht töten will) angesichts eines Herrschers, der tötet? (Bonhoeffer sprach in Bezug auf das Dritte Reich davon, daß man wahnsinnige Autofahrer vom Lenkrad reißen müßte, ehe sie durch das Dorf preschen und ein Kind töten.)

Die große Schalmei

Vor vielen tausend Jahren, als unsere Ahnen den Büffel jagten und erlegten, waren die beiden Hörner eines Büffels das Wertvollste, was ein junger Jäger begehrte. Erst wenn er im Besitz zweier Hörner war, gehörte er zur Gemeinschaft der Erwachsenen, durfte mit ihnen den schweren, vergorenen Saft trinken und zog mit in den Kampf gegen feindliche Stämme, denn das Horn war Trinkgefäß und Signalgeber in einem.
Voller Stolz also kehrte Jagoro heim: Er hatte den alten Büffel mit den großen Hörnern erlegt, ihm diese vom Schädel

getrennt und würde heute abend das erste Mal den süßen, roten Trank probieren und teilhaben am verzückten Tanz um das große Fleischfeuer, das diesmal ihm zu verdanken war. Er würde mit den anderen trinken und tanzen, immerzu trinken und tanzen, bis er wie alle liegenblieb neben der Asche, eine selige Nacht lang. Und am anderen Morgen würde das Mädchen, das er liebte, zu ihm treten, ihm sein Büffelhorn reichen, gefüllt mit kaltem Quellwasser; und er würde sie für immer in sein Zelt nehmen.

So sehr hatte er geträumt, daß er die beiden Hörner kaum näher betrachtet hatte. Warum auch? Es waren die gewaltigen Hörner des großen Büffels, und er, Jagoro, hatte ihn erlegt. Nun aber tropfte der schwere, vergorene Saft aus dem Horn, und es leerte sich, ehe der erschrockene Jäger es zu den Lippen führen konnte. Und auch das andere Horn hatte ein, nein sogar drei kleine, runde Löcher.

Weiß Gott, welche Widernisse der Natur dem alten Büffel diese Wunden gerissen hatten, welche Geschichte, ja vielleicht welch heldenhafter Kampf dahintersteckte – für Jagoro war es ein schmachvoller Augenblick, und das Grinsen der andern Jungen seines Stammes bedeutete nichts Gutes. Nein, er würde nicht vorschlagen, die Löcher zu stopfen; seine Ehre war angeschlagen, sollte sich auf kein Flickwerk aufbauen. Er würde noch heute aufbrechen und solange fortbleiben, bis er einen weiteren Büffel erlegt hatte, und heimkehren im Besitz zweier tadelloser, wenn auch kleinerer Hörner, denn ein solches Tier wie den Alten hatte noch keiner gesehen – und allein dieser Gedanke war schlimm genug.

Wie ein geschlagener Hund fühlte er sich, als er in sein Zelt kroch, um die zweite Funktion der Hörner zu erproben, abseits von den Neidern und Lachern, und gewiß, ein häßliches Quäken zu hören. Stattdessen aber entstieg dem mit beiden Händen umklammerten Horn ein tiefer, dumpfer Ton, wie er ihn noch nie vernommen hatte, und drang tief in den Wald, weiter als je ein Ton zuvor, und rief die Männer herbei, die in der Nacht unterwegs waren und später berichteten, daß sie einen tiefen, den Bauch anrührenden Ton gehört hatten, schon an der Brücke am spitzen Fels.

Vor freudigem Schreck hatte Jagoro die Hände am Horn gelockert und war noch verblüffter, als nun beim zweiten Mal ein spitzer, heller Ton erklang, ein Ton wie ein Schrei. Im Nu stand das ganze Dorf vor seinem Zelt, und Jagoro blies das Horn mal leise, mal laut, deckte die Löcher des großen Hornes ab und löste die Finger in verschiedensten Folgen, und das Instrument gab immer neue Töne von sich.
Schon am nächsten Tag saßen sie alle an ihren Hörnern und schlugen Löcher hinein; probierten wie Jagoro, dessen Löcher aber, in einem geheimnisvollen Abstand angeordnet, die schönsten Melodien ergaben und dessen Horn, weil es das längste war, auch den tiefsten Ton besaß, der, obwohl leise, doch weit zu hören war – ein geheimnisvoller Ton, der den Bauch anrührte.

Für den Stamm begann eine wundervolle Zeit: Die Männer tranken kaum noch (manche nur hatten mit Vorbedacht ihr zweites Horn ohne Loch gelassen), halfen dafür den Frauen mehr bei der Arbeit und erfreuten sich abends an immer neuen Melodien. Auch in den Kampf zu ziehen, verspürten sie kaum noch Lust; war ihre Zeit nun doch auch so erfüllt, und ihre Nachbarn, die das Lochhornpfeifen bald übernahmen, gebärdeten sich ebenfalls zunehmend friedlicher.
Jagoro aber wurde, als einige Zeit später der alte Häuptling starb, dessen Nachfolger und regierte den Stamm viele Jahre in Ruhe und Frieden. Und noch etwas ist es wert, erzählt zu werden: Als Jagoro den Ehrennamen erhalten sollte, der ihm als Häuptling zustand, schlug der Rat der Alten vor, von nun an solle er heißen „Der Jäger des langen Hornes“. Die Frauen aber nannten ihn stets „Die große Schalmei“; und so heißt er heute noch in den Märchen und Legenden der Bipu.

Kurzinterpretation

Jagoros langersehntes Büffelhorn hat häßliche, kleine Löcher! Doch unversehens wandelt sich das Entsetzen in Freude: Dem Loch-Horn lassen sich Töne entlocken, herrliche Melodien! Was ein Mangel schien, ist das Besondere geworden.
In die Welt von Jagd und Krieg, in das Streben nach Größe und Härte ist die Erfahrung einer neuen Sinnlichkeit eingedrungen, und die beruht auf drei kleinen, häßlichen Löchern. So groß ist ihre Magie, daß auch die anderen ihre „heilen" Hörner opfern und dieses Opfer sie heilt. (Das männliche Häuptlingsideal des Stammes wurde um seine „not-wendigen" weiblichen Anteile bereichert, um den geheimnisvollen Ton, der den Bauch anrührt.)

Die Legende vom siebenarmigen Leuchter

Zu der Zeit, als Pharao die Kinder Israels für sich arbeiten ließ, kam es zu einem Aufstand. Pharao aber ließ die sieben Anführer gefangennehmen und befahl, sie ins Gefängnis zu werfen, wo sie ihr restliches Leben in getrennten Zellen zubringen sollten. Nur durch ein kleines Gitterfenster konnten sie auf den Innenhof schauen, in dem ein einziger Baum wuchs. Immer aber, wenn der Pharao sie aufsuchte und sich an ihrer Einsamkeit und Verzweiflung weiden wollte, lag in ihrem Blick eine Hoffnung, die er sich nicht erklären konnte. So ließ er eines Tages andere Gefangene zu den sieben in die Zellen und versprach jenen heimlich die Freiheit, wenn sie das Geheimnis der Juden ergründen und den Grund ihrer Hoffnung offenlegen konnten, damit er ihn verdürbe.
Da gaben diese sich völlig ermattet, und ihr Anblick jammerte die Juden schon nach wenigen Tagen. So erfuhren sie vom unerschütterlichen Glauben ihrer Mitgefangenen an den lebendigen Gott, der ihnen einen Baum wachsen ließ

mitten im Gefängnis und vor ihren Augen, als Zeichen der Hoffnung.
Als der Pharao dies hörte, ließ er den Baum ausgraben und ihm die Wurzeln abhacken und sprach zu den Juden: „So habe ich euch aus eurem Volk gerissen, und ihr werdet es nicht wiedersehen, bis ihr verdorrt seid."
Und nach sieben Tagen ließ er dem Baum alle Zweige abhacken bis auf drei gerade aufgewachsene zur linken und drei zur rechten des Stammes und hackte auch diesen noch die Spitzen ab und sprach zu den Juden: „So liegt auch euer Volk darnieder, ohne Köpfe und Krone, und wird sich nicht wieder erheben und streckt seine Arme hilflos zum Himmel." Und nach weiteren sieben Tagen ließ er den trokkenen Stamm wieder eingraben und sprach: „So werde ich euch übers Jahr zur Schau stellen lassen als Zeichen des Spottes und jeden von euch aufhängen an einem dieser Äste."
Als aber das Jahr vergangen war, da trieben die gestutzten Äste ein jeder einen langen Zweig, der gar nicht aufhören wollte, in die Höhe zu schießen, und schließlich erblühte, als wolle er den Himmel anzünden. Da bekam es der Pharao mit der Angst, und er ließ die sieben Männer frei und befahl, fortan keine Bäume mehr zu pflanzen von der Art, die blüht, obwohl man ihr die Wurzel nahm, und ordnete an, stattdessen Steine aufstellen zu lassen mit der Spitze in den Himmel, die noch tausend Jahre später stehen würden und in alle Ewigkeit nach dem stechen sollten, der ihn beschämt hatte.
Die Juden aber dachten an den Baum, der gestutzt wurde und doch zum Himmel blühte, und schmieden zur Erinnerung noch heute Leuchter mit sieben Armen und setzen Kerzen darauf.

Kurzinterpretation

Die Hoffnung ist die größte Kraft des Menschen (und Gott ist der Grund solcher Hoffnung).

Weil Gott ein Gott des Lebens ist, läßt sich das Leben nicht töten. Dies gilt trotz aller Leiderfahrung des einzelnen und des (gerade auch jüdischen) Volkes, dies betont der christliche Glaube in der Auferstehung Christi, die über keine Passion hinwegtäuscht, sondern sie im doppelten Wortsinn „aufhebt".

Methodentip

Visualisieren: Einen siebenarmigen Leuchter nach oder schon während des Erzählens auf den Tisch stellen.
Auf die Suche nach ähnlichen Zeichen des unbeugsamen Lebens gehen; in der Natur, im Alltag etc.

Je ärmer die Leute, desto reicher die Bräuche

In einem kleinen Fischerdorf, irgendwo hoch im Norden, schenken alle Eltern, in welch armseliger Hütte sie auch hausen mögen, ihren Kindern zur Hochzeit den herrlichsten Schmuck. Und die Kinder nehmen die Scherben des Polterabends, vor allem die bunten, binden sie in ein feinmaschiges Netz und hängen sie ins Meer ...
Zur Hochzeit ihrer Kinder werden auch sie Perlen und Broschen aus dem Wasser fischen und sie weitergeben mit den Worten:

Brach entzwei
Wollte schneiden
Mußte leiden
Dient euch beiden

Kurzinterpretation

Die der Kraft des Wassers übergebenen Polterabendscherben werden zum Bild der einander Liebenden: Manches wird kostbar,

wenn es bereit ist, zu zerbrechen, darauf verzichtet, andere zu schneiden; wenn es in Kauf nimmt, selbst zu leiden.
Die grammatikalisch offene Form des abschließenden Vierzeilers unterstreicht die poetische Mehrdeutigkeit: „... Dient euch beiden". Das läßt sich zum einen auf die Scherben beziehen, die Schmuck geworden sind, der „dient euch beiden". Zum anderen aber lassen sich die letzten drei Worte auch als Fazit des Ganzen, als Aufgabe lesen: „Dient euch beiden!"
Zuspruch und Ermahnung sind eins, so kennt auch das Neue Testament keinen Imperativ ohne Evangelium (Frohe Botschaft).

Das innere Licht

Irgendwo in Südamerika, dort wo der Urwald nach und nach in die spärliche Vegetation höherer Lagen übergeht, leben die Gibenis. Ein kleiner Stamm mit einer langen Geschichte, ja es heißt, sie wären die eigentlichen Schatzmeister der Inkas und Azteken gewesen. Die Hütten der Gibenis ähneln in ihrer Form dem Iglu der Eskimos, sind aber am Boden aus wenigen massigen Steinen gebildet und sonst aus unzähligen feinen Verflechtungen von Ast- und Wurzelwerk.
Überhaupt ist der Baum im Leben der Gibenis von entscheidender Bedeutung. Schon von den Urvätern des Stammes wird berichtet, daß sie jeden Tag einige Stunden vor einem Baum saßen, ein jeder vor dem seinen, und ihm beim Wachsen zusahen. Abends hockte der ganze Stamm um den größten und dicksten Baum, der in jedem Dorf dessen Mitte angab, und man erzählte von den Kräften, aber auch den Krankheiten jedes Baumes, von dem, was er aus der Tiefe heraufgab. Und sie sahen, wie alle Bäume zum Licht wuchsen, manchmal um den Preis verkrüppelter Gestalt, wie die obersten Zweige kräftig wuchsen und die im Schatten verkümmerten.

Da begannen die Gibenis zu graben nach dem inneren Licht. Denn wie ein jeder Baum mit seiner oberen Hälfte dem Licht entgegenwuchs, so mußte er es wohl auch unter der Oberfläche der Erde tun. So wie er oben seine Äste in alle Himmelsrichtungen streckte, wie der Mensch Bein und Arm zur Rechten wie Linken hatte und alles Ding im Wasser sein Ebenbild fand, mußte in der Tiefe der Erde der Baum seinen Fortgang haben, eben nach der Regel, die ihn auch zur anderen Seite vorantrieb.

Und die Gibenis begannen zu graben; erst senkrecht in die Tiefe, dann verschachtelt, um immer tiefer vorzudringen in die Welt des unterirdischen Lichtes, und unter den Dörfern entstanden die ausgeklügeltesten Systeme von Gängen und Höhlen, welche die Welt je gesehen hat. Nach oben hin wurden die Eingänge sorgfältig verdeckt, damit ja kein Strahl des unterirdischen Lichtes verloren ginge – sobald es gefunden war.

Doch schienen die Bäume im Auffinden der unterirdischen Sonne erfahrener zu sein als die Menschen, die sich Jahr für Jahr vergeblich mühten, die Gänge vertieften, dabei Gold, Silber und dergleichen mehr entdeckten und zu Tage förderten. Das aber interessierte sie nur insoweit, als der Glanz, ans Tageslicht gebracht, Kunde gab von jenem inneren Licht, das für Jahrhunderte ihr Leben bestimmen sollte und das er zu spiegeln schien. Schon bevor die Europäer die Gier nach dem glänzenden Metall, dem „Abfall der tiefen Sonne“, wie die Gibenis sagten, ins Grenzenlose steigerten, mußten sie immer häufiger die unterirdischen Gänge auch als Zufluchtsort aufsuchen. Häuptlinge und Herrscher benachbarter Stämme und Völker fanden Gefallen an den leuchtenden Metallen und den Gegenständen, die daraus zu formen waren, und hätten allzugern das Geheimnis ihrer Herkunft erfahren, das den Gibenis jedoch heilig war. Unverständlich blieb den Fremden, warum das, was die Gibenis gegen Nahrung, Kleidung und Werkzeug gerne und ohne die geringste Scheu tauschten, jedes Gespräch verstummen ließ, wenn gefragt wurde, wo es gefunden, wie es gezogen wurde oder wo es wüchse. Versuchte man aber, mit

Gewalt den kleinen Dörfern auf den Leib zu rücken, so mußten wohl Kundschafter, geübt in der Beobachtung ihrer Bäume und nicht zu überraschen vom Schritt fremder Krieger, sofort Nachricht geben, und der Stamm war wie vom Erdboden verschluckt.

Einige Male wohl, bevor sie die Suche im steinigen Boden aufgaben, die Gänge verschütteten, warteten, bis die Eingänge wieder von Pflanzen bewachsen waren und so abermals ihre uns fast unmenschlich erscheinende Geduld bewiesen, einige Male, bevor sie das eine oder andere Dorf verlegten, um an anderer Stelle erneut ihre Suche zu beginnen, wagten sie es, wenn auch mit heiliger Scheu, den großen, alten Baum in der Mitte des Dorfes auszugraben, um im Netz der unteren Baumkrone wenigstens einen Strahl zu erhaschen von jenem so unsagbar scheuen Licht, das den Bäumen Freund war und ihnen ein Rätsel.
Der entwurzelte Riese lag dann Woche für Woche im Dorf, und sein Welken konnte die Trauer kaum noch verstärken: Sie ahnten den Tod des Baumes, der seine Sonne nicht mit hinaufgebracht hatte, lange vorher. Sie kannten die traurigen Lieder der Ahnen, die ähnliches erzählten. Die Alten brauchten dem Häuptling nicht zu raten, was er gleich in der ersten Nacht selbst tat: den Stamm verlassen und in einem anderen Dorf des Volkes trotz seiner Jahre neu zu beginnen – als Hüter des kleinsten Bäumchens. Nichts hatte er getan, als der letzten verzweifelten Hoffnung seiner Sippe Ausdruck zu geben, keine Schuld belastete ihn, nur: Bei den Seinen wäre er jetzt ein „Mann ohne Baum".
Einige Zeit später gab dann nur noch ein riesiger, querliegender Koloß dem Eingeweihten Kunde von einem Dorf, das hier gestanden, und davon, daß ohne das innere Licht selbst der König der Bäume nicht wachsen kann.

Heute werden die letzten der Gibenis gelegentlich von Touristen besucht, deren Hartnäckigkeit es wohl bewirkte, daß mancher Gang offen geblieben, dort aber selbst der „Abfall der tiefen Sonne" gänzlich verschwunden ist. Und während in den Hochschulen Amerikas die Professoren rätseln, ob

vielleicht die Gibenis als erste die Gestalt der Erde als Kugel dachten, als Urbild der Kugelform mancher Baumkrone, und ob sie daher vom „inneren Licht“ sprachen und nicht ausschließlich vom „tiefen“, ja sogar den Begriff des „unteren Lichts“ im Sinne einer Abwertung peinlich vermieden, während nun also den Gibenis langsam akademische Hochachtung widerfährt, könnte kein Späher mehr rechtzeitig zur Flucht den zeitweiligen Besucheransturm melden, denn die Gibenis sitzen schon lange nicht mehr vor „ihren“ Bäumen, sondern in Bretterbuden.
Die heilige Scheu vor dem Fällen des lebenden Holzes ist gewichen, die Suche nach dem inneren Licht scheint vergessen – aber der ganze „Abfall der tiefen Sonne“, aus fernen Städten herangekarrt und aus künstlichen, aber sehr glänzenden Stoffen gefertigt, biegt die Bretter der Regale.
Manchmal, sei es aus Neugier oder Spott, fragt einer der Besucher nach dem „inneren Licht“, ob sie es gefunden und ob es die Mühe wert gewesen; aber die Männer und Frauen, die Greise und Kinder schauen den Fragenden kaum an und weisen mit der Hand auf die prall gefüllten Regale. Der Besucher aber will nicht locker lassen, auch in den feinen Varianten der Folter steht er den Eroberern nichts nach, und beharrlich fragt er nach dem, was in der Tiefe ruht.
Da schaut ihn einer der Jüngeren an, vielleicht hat er studiert an einer der Hochschulen des Landes, vielleicht hat ihn auch nur Gewitztheit im Umgang mit den Touristen die eine oder andere Sprache so gut gelehrt:
„Unwürdig sind wir des wahren Lichtes, wenige Meter nur ließ uns vordringen, woran wir glaubten; euch Glückliche aber trieb Hunderte von Meilen, woran ihr nicht glaubt.“

Kurzinterpretation

Der Mythos vom „inneren Licht“ bestimmt das Leben der Gibenis, gibt ihm Sinn und hilft ihnen bei der Bewältigung von Alltags- wie Sondersituationen, ungeachtet der Tatsache, daß die dem Mythos (scheinbar?) innewohnende letzte Aufgabe nicht gelöst wurde.

Die zunehmende Entmythologisierung und Zivilisierung entwurzelt (!) die fiktiven Gibenis wie viele ihrer realen Geschwister. Die Ironie der Schlußsätze entlarvt die Triebfeder des weißen Mannes: Ihn treiben Unglaube, Neugier und Profitdenken; Götzen, die er in der Hand zu haben glaubt oder die er gar nicht wahrnimmt.
Fazit: Wer über die Beweggründe anderer urteilt, sollte sich seiner eigenen vergewissern.

Impulse

Die einen haben den Glauben an die Gegenwart des Verborgenen, die anderen eine verborgene Gegenwart – oder kennen Sie jemanden, der heute nicht mit einem Fuß in der Vergangenheit oder in der Zukunft lebt? Wer ist denn nun „naiv“, und was heißt das überhaupt?

Warum die Engel Halleluja singen

Lange bevor die Sonne und der Mond, die Erde und die Sterne geschaffen wurden, waren bei Gott die Engel. Und weil viele der Engel gar nicht so recht wußten, was sie die ganze Ewigkeit tun sollten, versammelten sie sich eines Tages um den Herrn des Himmels und baten ihn, daß er sich doch etwas von ihnen wünschen solle.
Der aber, als hätte er nur darauf gewartet, sprach: „Rückt alle ein wenig mehr zusammen, aber so, daß jeder jedem am nächsten steht."
Also rückten sie alle einander näher, aber oh weh: Kaum rückte einer seinem rechten Nachbarn näher, war er vom linken nur um so weiter entfernt. Und rückte er auf diesen zu, so mußte er jenen allein lassen. Nachdem sie so eine Weile ratlos hin und her gegangen waren und in einem großen Kreis um den Herrgott standen, sprach Gabriel:
„Nicht nach rechts oder links laßt uns gehen, sondern noch weiter auf den Herrn zu, so weit es irgend möglich ist, so kommen wir auch einander näher, daß es näher nicht geht."
Und gesagt, getan fanden sie sich zum engsten Kreis und singen seitdem ihr „Gelobt sei Gott"; nicht etwa, weil Gott des Lobes bedürfte, wie ein König, der ihn zu rühmen auf die Tagesordnung setzt, sondern weil sie auf keine andere Weise einander so nahe kamen wie im Zugehen auf Gott.

Zur Symbolik

Der (Grundlage vieler Tänze bildende) Kreis um eine gemeinsame Mitte ist ein Bild des Glaubens, das eine theologische und eine so-

ziale Komponente vereint: Gehen wir auf unsere gemeinsame Mitte zu, so kommen wir auch einander näher – kommen wir einander gemeinsam näher, so befinden wir uns unweigerlich auch auf dem Weg zur Mitte.
Lieder mit Tanzbeschreibungen mit religionspädagogisch relevanter Symbolik der Schritte und Figuren siehe unter „Literaturempfehlung" am Ende dieses Buches.

Wie Abraham das Lachen lernte und zum Vater vieler Völker wurde

Als Abraham noch Abram hieß und ein ganz gewöhnlicher Viehzüchter war, kam eines Tages der Herr zu ihm und sprach:
„Abram, ich will dich zum Vater vieler Völker machen, laß uns prüfen, ob du den Segen schon tragen kannst: Hier in diesem Beutel sind die Laute der Menschheit; nimm, was dir nötig erscheint, und wir werden sehen ..."

Da nahm Abram das „Ih!" heraus und dachte bei sich, was sollte Gott mehr gefallen, als wenn einer Ekel hat vor den Gottlosen. Der Herr aber nahm seinen Beutel und versprach, wiederzukommen übers Jahr.

Als Gott nach Jahresfrist erneut bei ihm war, suchte Abram sich das „Ah!" heraus und sprach: „Herr, täglich staune ich über deine Wunder." Und obwohl ein Leuchten über Gottes Gesicht ging, nahm er doch seinen Beutel und versprach, wiederzukommen übers Jahr.

Diesmal schaute Abram lange auf die Laute der Menschheit, dann aber griff er nach dem „Au", denn Mitleid zu haben mit jeder leidenden Kreatur, die Gott geschaffen, schien ihm das größte aller Gebote. Und obwohl Gottes Angesicht leuchtete wie die Sonne, nahm er doch den Beutel und versprach, wiederzukommen übers Jahr.

Da aber geschah etwas Seltsames, denn kaum hatte der Herr den Beutel abgestellt, holte Abram ein „Ha" heraus, und der Herr griff ein zweites, und sie warfen sich das Lachen zu wie zwei Bälle und füllten den Raum mit einer Fröhlichkeit, die ihresgleichen suchte. Da sprach der Herr: „Nun wirst du die Menschen tragen können, wie ich sie trage, und zum Zeichen, daß du das Lachen aufgenommen hast in dein Leben, nimm es auch auf in deinen Namen, denn ab heute sollst du Abraham heißen." Und der Herr war bei Abraham alle Tage.

Impulse

Abraham soll zum Vater der Menschen werden; ein solcher Segen, eine solche Last läßt sich nur mit Humor tragen. Denkt man da nicht automatisch an die vielen psychologischen Ratgeber, die meinen, eine Ehe ohne Humor sei eine tote Ehe und der Last und dem Segen, für den anderen da zu sein, nicht gewachsen? Und wie steht es um die „Ehe Gottes mit den Menschen"?

Aspekte

Gott ist kein Gott mit „Totenmiene". Zum Leben gehört auch das Lachen. Warum stellen wir uns Gott so selten lachend, höchstens einmal lächelnd, vor?
Ist es unsere eigene Erfahrung mit dem „Auslachen" anderer, dem Lachen über Zweideutigkeiten, die nicht zum Wesen Gottes zu passen scheint? Oder haben wir nichts mehr zu lachen?
Ein Gottesbild ohne Lachen sagt wohl mehr über das gestörte Verhältnis der Gläubigen zum Humor als über – den sicher nicht humorlosen – Gott aus. Wer lacht, ist noch lange nicht lächerlich!

(Zum „Lachen Gottes" vgl. den Text „Warum die Nachtigall im Flug singt und den Menschen zu Herzen geht")

Warum das Lachen der Möwen so lustlos klingt

Als die Möwen noch Zugvögel waren und sich jeden Herbst und jedes Frühjahr auf die lange Reise machten, flogen sie immer auch zu der kleinen Insel, die eines Tages aus dem großen Meer aufgetaucht war. Und jedesmal, wenn sie unter sich den lang ersehnten Rastplatz erspähten, mußten sie vor Freude lachen. Das war vielleicht ein Gelächter! Stellt Euch das nur einmal vor: Sechs- oder sogar siebenhundert Möwen in einem Schwarm, und eine steckt die andere an, so etwas habt Ihr bestimmt noch nicht gehört.
Und weil man beim Lachen nichts im Schnabel halten kann, fiel ihnen dann regelmäßig ihr Körnchen aus dem Schnabel, das sie für unterwegs mitgenommen hatten. Das aber schadete gar nichts. Im Gegenteil: So war es ja allen Möwen gegangen seit alter Zeit, und aus den Körnern und Früchten waren Bäume gewachsen und Büsche, Blumen und Getreide. Mittlerweile wucherte ein buntes Allerlei über die Insel, gab den Vögeln Nahrung und hielt mit seinen Wurzeln die Erde fest, so daß die kleine Sandinsel dem großen Meer sogar Stück für Stück Land entriß und wenn auch kaum merklich, so doch unweigerlich zu wachsen begann.

So könnten wir uns sicherlich heute alle miteinander in ein Boot setzen und hinausfahren und die große Lachmöweninsel besuchen, wenn – ja wenn nicht eines Tages der Nebel gekommen wäre.

Als es nämlich wieder einmal so weit war und die großen Möwenschwärme von Norden nach Süden zogen und Rast machen wollten auf der Möweninsel, da war vor lauter Nebel von einer Ruhestätte nichts zu sehen. Nun hatten die Möwen wie alle Zugvögel zwar ein untrügliches Gefühl für jeden Ort, den sie auch nur ein einziges Mal aufgesucht hatten, aber so einfach als erste hindurchstoßen durch den Nebel ins Ungewisse und dann womöglich den Spott der anderen ernten, wenn es doch die falsche Stelle gewesen war –

das wollte keine von ihnen riskieren. Das sichere Land, das wußten sie ohnehin, war schließlich auch ohne Zwischenhalt zu erreichen. Etwas mühsamer zwar, aber ohne Umwege und die Gefahr, ausgelacht zu werden. Denn lachen, ja, das konnten die anderen sehr gut, das wußte man wohl!

So landeten sie dieses Jahr also nicht auf der Insel. Dieses Jahr nicht und nächstes Jahr nicht und übernächstes Jahr auch nicht, denn der Nebel wollte und wollte nicht weichen. Und so flogen sie ihren Weg, lachten nicht, ruhten nicht, spielten nicht und aßen nur jede ihr Körnchen im Schnabel. Bis eines Tages die große, alte Möwe ihr Körnchen fallen ließ, mühsam lachte und sprach:
„Kinder, es ist eine Schande! Lachmöwen heißen wir – und doch haben wir nichts mehr zu lachen. Laßt uns unsere Körner dem Meer opfern und ein wenig lachen, hier an der Stelle, wo unsere Mütter und Väter der Freude begegneten."
Und weil die Möwen ein folgsames Wesen haben, öffneten sie ihre Schnäbel, opferten eine jede ihr Körnchen dem Meer und lachten. Lachten ein wenig müde, ein wenig hungrig, aber immerhin lachten. Nur daß das Lachen von Jahr zu Jahr müder wurde und hungriger, bis die ersten das Körnchen lieber hinunterschluckten, als es dem Meer zu opfern, hier an dieser Stelle, wo es immerzu neblig war.

Ja, war es da nicht besser, gar nicht mehr aufzubrechen, jedes Jahr in diese ungewisse Ferne? Vielleicht hatte sich der Nebel inzwischen ja ausgedehnt und all das warme, sonnige Land am anderen Ufer erreicht!

Manchmal, da hört ihr sie noch, die Möwen, wie sie müde, hungrig und heiser ein wenig zu lachen versuchen, wenn ihnen eine der großen, alten Möwen Geschichten erzählt; Geschichten von früher, aus der Zeit, als die Möwen noch Zugvögel waren und es Inseln gab, die von Körnern lebten.

Im Mittelalter gab es den Brauch des Osterlachens. Irgendwann aber schien die Erinnerung an die Auferstehung Jesu als Grund zur überschwenglichen Freude nicht mehr auszureichen, und die Geistlichen begannen, Witzchen zu erzählen, um das schallende Gelächter früherer Jahre zurückzugewinnen. Dies wurde allerdings bald von der Obrigkeit verboten.
Lachen kann man nicht anordnen, noch einen wirklichen Grund zur Freude durch Attrappen ersetzen. Im Gegenteil: Es gilt, den Urgrund der Freude wiederzufinden, bevor man sich an den schalen Geschmack der Ersatzbefriedigung allzusehr gewöhnt hat und daran zu zweifeln beginnt, ob es überhaupt statthaft ist, von mehr zu träumen.

Wo geht einer hin, der glücklich ist?

Es war einmal, als die Wiesen noch nicht gemäht wurden und die Weiden noch nicht eingezäunt, da verliebte sich in einem besonderen Augenblick ein Maulwurf in eine Eidechse.
„Wie das?" werdet Ihr fragen, „wo die Maulwürfe doch als blind gelten und die Eidechsen die Sonne suchen!"
Aber vielleicht war gerade dies das Geheimnis ihrer großen Liebe: Sie sahen sich, und sie sahen sich nicht, und so beschlossen sie, einander auf ewig zu lieben. Und die Eidechse tanzte über die heißen Steine, und der Maulwurf grub sich tief in das Erdreich, und als sie zurückkehrten, ein jeder zu seiner Zeit – war der andere nicht mehr da.

Da nahm die Eidechse all ihre Klugheit zusammen und sprach bei sich: „Wo geht einer hin, der glücklich ist und den die Liebe tanzen läßt? Ich will ihn suchen auf den heißesten Steinen und nach ihm schauen, wo die Sonne spielt."

Und sie huschte von Mittag zu Mittag und fand ihn nicht. Und als Frühling und Sommer vorüber waren, da ruhte sie erschöpft und dachte bei sich: „Nie wieder will ich mich vor einem Fremden sehen lassen, wenn ich nackt in der Sonne ruhe; nie wieder sollen seine Worte meiner Seele schmeicheln und mein Herz entzünden."
Und so schlüpft sie noch heute davon, wann immer sie auch nur die Ahnung eines Schrittes vernimmt.

Der Maulwurf aber nahm sich alles noch mehr zu Herzen, denn er war ein melancholischer Charakter und der Schwere der Erde verhaftet: „Wo geht eine hin, die glücklich ist und vor Liebe nicht weiß, wie tief sie wühlt?" dachte er, und so sucht er sie heute noch und schaufelt unterirdische Gänge und wirft achtlos die Erde nach oben zu kleinen Hügeln auf, über die man manchmal eine Eidechse huschen sieht.

Kurzinterpretation

Liebe macht gleichermaßen blind wie sehend – das ist ein großes Geheimnis und hat am allerwenigsten mit den Augen zu tun. Und besonders schwierig wird es, wenn man spürt, daß man so ganz andere Vorstellungen vom Glück hat und sich dennoch liebt. Wieviel Mißverständnisse sind da vorprogrammiert, wenn der eine die Erde liebt und die andere die Sonne ...

Impulse

„Von sich auf andere schließen" – wann ist das hilfreich und ein guter erster Schritt auf andere zu, wann nicht? Welche Verhaltensänderungen wären wünschenswert, und wie sind sie zu erreichen?

Warum sich die Schlangen häuten

Es war einmal eine klitzekleine Schlange, die war mit einer grasgrünen Raupe befreundet. Sie waren Tag und Nacht zusammen, spielten miteinander und erzählten sich Geschichten, denn die Schlange kannte alle Schlangenmärchen der Welt, und die Raupe wußte viel von Blüten und Luftschlössern zu erzählen.

Nur manchmal gingen sie getrennte Wege, die Schlange verschlang einen Käfer, und die Raupe raubte ein paar Kohlblätter. Das taten sie fast heimlich, als wüßten sie ganz genau, daß es der andere nicht verstehen könnte. Die Raupe dachte, womöglich würde die Schlange sie auslachen, und die Schlange meinte wohl zu Recht, die Raupe würde nur Angst bekommen. So vermied sie es auch, beim gemeinsamen Spazierengehen vorbeihuschende Käfer „lecker" zu nennen, seit die Raupe sie da einmal erschrocken angesehen hatte, und diese wiederum zügelte ihre sehnsuchtsvollen Blicke, wenn beide an einem Gemüsegarten vorbeikrochen.

Mit der Zeit wurden sie älter und älter, die Schlange vor allem größer und die Raupe ernster. Eines Tages sagte die Raupe dann traurig zu ihrer Spielgefährtin: „Nun muß ich Abschied nehmen und fortgehen." Und die Schlange konnte noch so in sie dringen, die Raupe antwortete nur: „Mehr kann ich dir wirklich nicht sagen. Ich weiß nur, daß du mir nicht folgen kannst. Es ist ein Geheimnis, und ich verstehe es selbst nicht. Aber ich weiß, daß ich mich zweimal verwandeln werde, denn als ich klein war, sangen mir meine älteren Geschwister ein Lied vor, das ging so:

Weil ich lebe,
wenn ich sterbe,
wird der Himmel
wohl mein Erbe."

Da wurde die Schlange sehr traurig, und sie nahmen Abschied von einander. Dann aber schlich sie doch heimlich

hinter der Raupe her und beobachtete, was geschah. Und sie sah, wie die Raupe sich einspann, nach und nach eine braune Haut bekam und sich nicht mehr bewegte. Da weinte die Schlange ganz bitterlich und wartete Woche für Woche, ob sich die Raupe nicht doch einmal wieder bewegen würde, und sie weinte und weinte und wußte bald nicht mehr, ob sie mehr gewartet oder mehr geweint hatte.
Aber eines Tages bewegte sich plötzlich die braune Kruste, und eh die Schlange sich versah, hatte die Raupe sich als Schmetterling entpuppt. Na, da hättet Ihr mal sehen müssen, was die Schlange für Augen gemacht hat! War das wirklich die grasgrüne Raupe? Sie mußte es sein, aber so richtig glauben konnte die Schlange es nicht. Und auch der Schmetterling erkannte die alte Spielgefährtin kaum wieder, denn die Schlange hatte dicke Tränensäckchen unter den Augen bekommen vom vielen Warten.
Da sagte der Schmetterling: „Siehst du, das wollte ich dir ersparen, aber du bist mir nachgeschlichen und hast große Trauer gehabt, und jetzt kann ich doch nicht bei dir bleiben."
Und dann faltete er ein paarmal die Flügel, breitete sie wieder aus und – war auf und davon.

Die Schlange wußte gar nicht, wie ihr geschah, hatte aber all ihre Tränen inzwischen verweint, und so schlich sie ruhelos durch die Wälder und Wiesen bis zum Baum der alten Eule und klagte dieser ihr Leid. „Es ist zum Aus-der-Haut-fahren!" schloß sie ihre Rede, und die Alte erwiderte nichts als „Tu's doch!" denn sie war sehr weise und wußte, daß gute Ratschläge doch nur angenommen werden, wenn sie in die Richtung zeigen, in die man ohnehin gegangen wäre, und daß Erfahrung, wenn sie nicht zu bitter ist, der beste Lehrmeister ist.

Da versteckte sich die Schlange, wie sie es bei der Raupe gesehen hatte, zwischen allerlei Blättern und wartete auf eine braune Haut. Als diese sich aber partout nicht einstellen wollte, dachte sie bei sich: „Nun, da werde ich zumindest die alte Haut schon einmal ausziehen, vielleicht, daß die neue sich dann willkommener weiß." Und wirklich: Als sie

sich an den Halmen und Ästen schabte und schabte, fuhr sie ganz aus ihrer alten Haut, und darunter war eine neue! Aber – die glich der alten doch sehr, nur, daß sie jetzt deutlich gewachsen war. Sollte das etwa alles gewesen sein?
Am liebsten wäre sie jetzt mit eingekniffenem Schwanz fortgekrochen, aber da eine Schlange nie so genau weiß, wo der Schwanz aufhört und der Kopf anfängt, beschloß sie, noch einmal die alte Eule um Rat zu fragen, denn das Fliegen wollte auch in der neuen Haut so ganz und gar nicht gelingen. Die alte Eule aber schüttelte nur traurig den Kopf und meinte: „Ja, hätte ich dir denn sagen sollen, du kannst dich häuten soviel du willst und wirst doch nur eine noch größere Schlange?"
Da schlängelte sich die Ärmste leise davon und gab alle Hoffnung auf, einmal über den Himmel zu fliegen und irgendwo auf einer leuchtenden Blüte die alte Spielgefährtin wiederzufinden.

Aber es sollte alles ganz anders kommen. Eines Tages nämlich saß sie vor ihr, ängstlich zitternd unter einem Kohlblatt und sich dicht an die Erde schmiegend. „Ach", sagte da die Schlange, und man konnte fast etwas Entrüstung heraushören, „wenn ich auch nur einen Tag deine Flügel hätte, ich wollte den Himmel nicht lassen für ein stinkendes Kohlblatt!"
„Was weißt du vom Himmel!" seufzte der Schmetterling. „Kaum hast du dich in die Lüfte erhoben, machen die Vögel Jagd auf dich, als wären deine Flügel die leckersten Blätter – und du kannst froh sein, wenn du unversehrt die Erde erreichst. Nein, nein, ich werde meine Kleinen lieber dem Kohl anvertrauen als einem solchen Himmel zum Fraß geben."
Da freute sich die Schlange, daß nun wenigstens ihre Kinder bald miteinander spielen würden, und so kommt es auch, daß Schmetterlinge nie Schmetterlinge zur Welt bringen, sondern immer erst Raupen, grasgrüne zum Beispiel.

Impulse

Wer wollte nicht schon einmal „aus der Haut fahren" und in die Rolle eines anderen schlüpfen! Was aber wissen wir wirklich von den Träumen und dem Leid eines anderen, von seinem „Himmel" und seiner „Hölle"?

Zum Weiterdenken

Auch die starke Bindung an einen anderen sollte nicht dazu führen, daß man sein will wie er, daß man zur Imitation neigt oder Weiterentwicklungen des anderen nicht wahrhaben will, weil man sie selbst nicht nachvollziehen kann.
Und erhält nicht manchmal gerade der Blick auf die Unterschiede das Interesse aneinander?

Vom Nashorn, das nicht leiden wollte

Ein Nashorn hatte eine Lieblingsblume. Jeden Tag ging es sie besuchen. Alles andere aber fand das Nashorn „sehr ärgerlich", wie es sich auszudrücken pflegte. Wenn man es zum Spaß pieksen oder kitzeln, ja sogar wenn man es streicheln wollte, grunzte es: „Das kann ich nicht leiden!" und bekam davon eine dicke, harte Haut. Je dicker aber seine Haut wurde, desto mehr liebte es die Blume, seine Blume.
Eines Tages fand es die Blume fast vertrocknet. Da wurde das Nashorn sehr zornig und schrie: „Habe ich nicht schon genug gelitten?" Und es stampfte mit den Füßen, und die Erde rings um die Blume bekam eine dicke, harte Haut. Und das Nashorn grunzte: „Sehr ärgerlich!" und „Das kann ich nicht leiden!" und ging fort.

Wenig später kam ein Nilpferd an dieselbe Stelle, sah die tief herabhängenden Blütenblätter – und weinte. Träne um Träne tropfte herab, lockerte die Erde und sickerte zu den zarten Wurzeln, bis sich die Blume erholt hatte. Da schlug sie ihre Blütenblätter auf und sagte: „Gell, du kannst mich leiden?"

Kurzinterpretation

Hier gilt noch einmal das schon unter „Wo das salzige Meer herkommt ..." Gesagte: Wer nicht leiden will, wird niemanden leiden können, denn die Liebe zu einem Menschen oder einer Sache ist eine Leidenschaft, die Leiden schafft.
Paradoxerweise wird, wer sich solchem Leiden nicht stellt, dann besonders leiden müssen; oft genug jenes stille, verhärtete Leiden, das die Umwelt nicht mehr wahrnimmt. Andererseits kann Leidensbereitschaft der Anfang großer Befreiung sein. Wer seinen Tränen zu fließen erlaubt, kann loslassen – und neu zupacken: Nichts reinigt die Augen so gründlich wie Tränen! Oder um im Bild der Geschichte zu bleiben: Tränen lockern.

Der Zauberer und die Zeit

Einst lebte am Waldrand von Tempora ein alter Zauberer, der stand in dem Ruf, daß er die unmöglichsten Wünsche erfüllen könne. Seinen Namen wußte niemand, doch nannte man ihn landauf, landab den „Weißtduwasdudirwünschst", denn das war oft das einzige, was er die Bittsteller fragte, ehe er sie entließ mit der Zusicherung, daß ihnen wohl schon bald widerfahren würde, wonach sie sich sehnten.

Da kamen eines Tages fast zur gleichen Zeit zwei Männer zu ihm. Der eine klagte, daß ihm die Zeit unter den Händen zerrinne, und bat um den Geschmack von Ewigkeit. „Ach wäre ich doch als Schildkröte zur Welt gekommen", jammerte er und schaute gequält auf die untergehende Sonne. „Halte den Lauf der Welt an, großer Magier, und laß die Räder der Zeit langsamer laufen."

Der andere aber schüttelte über diesen verständnislos den Kopf und sprach: „Das eben, hoffe ich, wirst du nicht tun, erhabenster aller Zauberer, sondern gib dem Zeitroß die Sporen, denn mein Leben schleppt sich dahin, und meine Tage gleichen Jahren!"

Und der erste rief: „Halte die Zeit an!" Der zweite aber: „Gib ihr die Sporen!" Und der Alte schmunzelte und sprach: „Ich werde es tun" und schloß die Tür hinter ihnen.

„Was wird er tun?" dachten da beide – aber keiner wagte zu fragen, und so gingen sie ihres Weges. Der eine, um aus Leichtsinn Schulden zu machen, die ihn für sieben Monate zum unbezahlten Knecht eines reichen, ungnädigen Herrn werden ließen, der andere, um sich zu verlieben.

Da standen sie bald schon wieder vor dem Alten, der eine mit dem Wunsch des anderen, der andere mit dem Wunsch des einen.

Aspekte

Alle Wahrnehmung ist subjektiv. Auch unser Zeitempfinden: Wie lang ist (nicht nur) für das Kind eine Stunde im Wartezimmer des Zahnarztes, wie kurz eine Stunde im Arm eines geliebten Menschen.

Wie lang ist eine Stunde wirklich? Hier tun sich Chancen auf für die Bejahung der Subjektivität in der Deutung der Welt: Glaube kontra Wissenschaft ist eine falsch gewählte Alternative. Daß eine Stunde 60 Minuten zu je 60 Sekunden hat, greift als Erklärung des Phänomens „Zeit" ebenso zu kurz wie etwa die Polarisierung „Evolution" kontra „Schöpfung".

Die Beter der Welt stellen an Gott sicher oft ebenso (scheinbar?) widersprüchliche Wünsche, wie die beiden Bittsteller in der Erzählung. Denken wir nur an das unterschiedliche Tischgebet von Katze und Maus. Wie soll Gott in solchen Fällen reagieren? Ist es überhaupt angebracht, Gott als Reagierenden zu denken?
Die Geschichte gibt eine Antwort auf zwei einander scheinbar ausschließende Bitten. Gottes Gegenwart und Dasein für die unterschiedlichsten Menschen und ihre Bedürfnisse übersteigt unser Denken.

Methodentip

Vor dem zweitletzten Absatz unterbrechen oder eine Lesepause einlegen. Vor oder nach der Geschichte kann man das eigene Zeitgefühl testen: Alle schließen die Augen und heben den Finger, wenn ihrer Meinung nach eine Minute vorbei ist (auszählen verboten). Der Spielleiter kontrolliert mit einer Uhr und verrät anschließend, wann sich die ersten gemeldet haben, wann die letzten.

Der Regenmauz

Die Bewohner von San Sunnario haben eigentlich schon immer vom Fremdenverkehr gelebt. So ist es nicht verwunderlich, daß sie eines Tages einen Brief an den alten Herrn Petrus aufsetzten und höflich anfragten, warum es denn auch im Sommer gelegentlich regnete, was doch stets zur Verärgerung der Besucher führen würde, die ja nur nach Sunnario kämen, um sich in die Sonne zu legen.

Die Antwort von Herrn Petrus kam rasch und war sehr knapp: „Warum? Wegen der Regenmauze!" – „Aha, natürlich ... wegen der Regenmauze", sagte der Bürgermeister. „Da hätten wir auch selbst draufkommen können", sagte seine Frau. „Was ist ein Regenmauz?" fragte die kleine Tochter.

Die Eltern sahen sich an. „Stimmt, was ist eigentlich ein Regenmauz?“ Und weil im ganzen Dorf noch nie jemand einen Regenmauz gesehen hatte, schrieb man also ein zweites Mal an den alten Herrn Petrus und fragte, was ein Regenmauz sei. Herr Petrus aber ließ nur ausrichten, ein Regenmauz sei etwas Unbeschreibliches, und statt weiterer Ausführungen schickte er zwei Wochen Regen.

Aber als schließlich die ersten Sonnenstrahlen durch die dunklen Wolken blinzelten, zeigte sich dort, wo der Regenbogen die Erde berührte, ein putziges kleines Tierchen, badete sich, putzte sich allerliebst mit den Pfoten, schüttelte sein nasses Fell aus und mauzte, wenn man es streichelte!
Schließlich hüpfte es auf die Felder, prustete das Wasser aus seinen Backen auf die Halme wie einen feinen Sprühregen, zog mit seinen Hinterpfoten kleine Wasserläufe und klopfte mit dem buschigen Schwanz die Dämme fest.

Als aber die Sonne immer mehr von dem Wasser forttrank, hüpfte der Regenmauz (denn um einen solchen handelte es sich offensichtlich), hüpfte also der Regenmauz auf den Regenbogen und kletterte in den Himmel zurück, von woher er vorher heruntergerutscht kam.

Seitdem wissen die guten Leute von San Sunnario: Nur wenn man zwei Wochen Regen erträgt, ohne zu maulen, besucht ein Regenmauz die Erde – und wenn er das noch dazu im Mai tut, dann werden die Bauern eine reiche Ernte heimfahren können.

Aspekte

Der Mensch würde gerne die Schöpfung nach seinen oft sehr vordergründigen Nützlichkeitserwägungen umstrukturieren. Tut er dies nicht bereits durch Kernspaltung und Gentechnologie?
Je höher der Platz in der Rangliste, desto geringer scheint die Fähigkeit, Wissenslücken einzugestehen: Wie im Märchen von des Kaisers neuen Kleidern wagt nur das Kind zu fragen, was als bekannt vorausgesetzt wird.

Manchmal muß man das eine ertragen (Regen aus der Sicht des Tourismus), wenn man das andere will (Regen aus der Sicht der Landwirtschaft).
Die Possierlichkeit des nur mit „schlechtem“ Wetter einhergehenden Regenmauzes problematisiert auch die bedrohte Artenvielfalt. Schmetterlinge sieht jeder gern, aber: Weg mit den Raupen vom Kohl und bloß keine Brennesseln stehen lassen – die doch so viele Schmetterlingsraupen ernähren!

Sehen und Deuten

Sehen können

Es war einmal ein alter Mann, der sich zu sterben anschickte. Und da er ein armer Mann war, der seinen drei Söhnen nichts hinterlassen konnte als den Wind, der durch die Dachluken der armseligen Hütte pfiff, rief er sie an sein Sterbebett und sprach: „Wünscht euch ein jeder etwas, und ich werde Gott im Himmel bitten, daß er euch erhört." Dann verschied er.

Da hatte sich der eine gewünscht, daß ein Fluß am Haus vorbeiströme, der andere, daß der Wind Tag und Nacht nicht abnähme, und der Dritte, daß Gold vorbeizöge.

Und tatsächlich: Kaum, daß der Vater in der Erde ruhte, begann es zu regnen, und vom Berg ergoß sich ein Bach, der immer größer wurde und auch nicht zu fließen aufhörte, als der Regen schon lange wieder der Sonne gewichen war. Da baute der Erste sich ein Mühlenrad an die eine Seite des Hauses und hatte sein Auskommen.

Und siehe da: Nachts wehte ein kräftiger Wind, der auch tagsüber nicht ganz ausblieb, und der Zweite baute sich Windmühlenflügel an die andere Seite des Hauses und hatte sein Auskommen.

Der Dritte aber sprach nach einiger Zeit vergeblichen Wartens: „Gott hat mich gestraft für meine Vermessenheit. So hoch steht ein armer Mann, sei er auch unbescholten, bei Gott nicht im Kurs, daß sein Sohn sich Geld wünschen dürfte."

Und nicht ohne Bitterkeit ging er fort. Dabei hatte sich das Gold längst auf den Weg zu ihm gemacht, er hätte nur die

Augen aufhalten müssen. Wo nämlich tagein, tagaus die Bauern ihren Weg zu zwei fleißigen Müllern suchten und eine Brücke über den Fluß führte, da zogen bald auch Kaufleute verschiedenster Art vorbei, und man hätte mit ein wenig Geschick zum Handeln schon eine Goldgrube einrichten können.

Impulse

Bitten wir nicht um vieles und schauen in eine ganz bestimmte Richtung – aber es kommt aus der anderen? Wenn wir nie die Blickrichtung wechseln, hadern wir womöglich, daß unser Gebet nicht erfüllt wurde.
Was sollte man erbitten, was kann man sich nur schenken lassen, und was muß man selbst tun?
Eine Zeit der Erwartung und des Ablegens falscher Erwartungen ist der Advent: Zeit der Ankunft Jesu. Gerade Jesus wurde von vielen als ein ganz anderer erwartet. Die starren Erwartungen mancher Menschen führten Gott ans Kreuz, dort wo er sie im tiefsten doppelten Sinn des Wortes „ent-täuschte". Welche Blickrichtung haben wir, zum Beispiel in der Vorweihnachtszeit? Und welche Rolle spielen Wünsche und Geschenke?

Methodentip

Nach dem zweiten und fünften Absatz kurz unterbrechen: Vielleicht äußern die Zuhörer spontan den Verdacht, daß der dritte Wunsch zu vermessen sei – was sich im weiteren Verlauf allerdings gar nicht als das Problem herausstellt. Im Gegenteil: Wie reich wäre mancher, wären seine Sinne, seine Wahrnehmungskraft nicht verarmt.

Jeder schweigt anders

„Wenn unsere Vorfahren im Krieg mit ihren Gegnern waren", erzählte der Häuptling der Warongis, „und sie fingen einen Unbekannten, der sich für einen der ihren ausgab, so holten sie dessen vertrautesten Freund und ließen den Gefangenen einen Tag lang schweigen ...

Denn man kann das Aussehen eines anderen Menschen annehmen und seine Aussprache lernen, seinen Gang und seine Handbewegungen nachahmen – aber nicht sein Schweigen."

Zum Weiterdenken

Was macht das unnachahmliche Wesen eines Menschen aus? Woran meinen wir, einen geliebten Menschen nach vielleicht vierzig Jahren Trennung noch wiederzuerkennen? Was gehört so zu mir, daß ich es über den Tod hinaus behalten werde?

Methodentip

Probieren Sie einmal (nicht nur mit Kindern und am besten vor dem Erzählen der Geschichte) folgendes aus: Lassen Sie drei oder vier verschiedene Personen vor die Tür gehen, dann einzeln wieder hereinkommen. Sie alle sollen nichts tun als etwa eine Minute lang schweigen. Sie werden staunen, wie unterschiedlich geschwiegen wird; wie sehr verhinderte Aktionen plötzlich in die Körpersprache ausweichen, welche Haltungen eingenommen werden, wie sicher oder unsicher der Blick einen Fixpunkt anvisiert oder durch die Runde schweift – wie schwer es manchem fällt, wirklich nichts zu sagen.

Das wertvollste Geschenk

Einst hörte der König, vor den Toren seiner Stadt solle ein weiser Mann leben, der große Dinge tue. Dem schickte er einen kostbaren Edelstein und ließ ihm sagen: „Es heißt, Gott hätte dich reich bedacht; so wird es dir ein leichtes sein, meinen Knecht reicher beschenkt zu mir, deinem König, zurückzusenden, als ich ihn zu dir sandte."
Der Knecht kam zurück, mit leeren Händen und sprach nur ein Gebet, das der Weise ihn gelehrt hatte.

Zornig schickte der König abermals Knechte hinaus und ließ den Weisen zu sich rufen:
„Habe ich dir nicht meinen größten Schatz gesandt, und du speist mich ab mit leerem Geschwätz?"
Der Weise aber sprach: „Entscheide selbst, was wertvoller ist: Du hast mir etwas geschickt, das ich behüten muß – ich aber sandte dir etwas, das dich behüten wird."

Zum Weiterdenken

Reichtum belastet, was also macht wirklich reich?
Woran sind wir arm/reich, und was verstehen wir überhaupt unter „Reichtum" und „Armut"?
Ist es ein Luxus der Reichen, über derlei Definitionen zu philosophieren?

Methodentip

Jeder Hörer gibt an Stelle des Königs seinem Knecht einen Wunschzettel mit, d.h. jeder schreibt mitten in der Geschichte (bevor der Knecht zurückkommt) seinen Wunsch auf einen Bogen Papier; diese werden eingesammelt und helfen wenige Zeilen später, die Enttäuschung des Königs zu verstehen: Was hatte er nicht alles erwartet (Zettel verlesen)!

Oder: Schon vor dem Vorlesen des Märchens ergänzt jeder auf einem Zettel den Satzanfang „Reichtum macht ... (frei, stolz, glücklich, krank etc.)"

Die Gabe des Festes

Ein Rentierjäger, der allein mit seinen Eltern im Gebirge wohnte, hatte sich eines Tages verlaufen. Nach langem Umherirren fand er einen scheinbar verlassenen Adlerhorst. Wie er sich aber gerade über das Nest beugte und drei piepsende junge Adler erspähte, kehrten die Alten mit wütendem Geschrei zurück und begannen, auf ihn einzuhacken.
„Kinderdieb!" schrie die Adlermutter.
„Nesträuber!" schrie der Adlervater.
„Aber ich wollte doch nur ...", begann der Rentierjäger.
„Kinderdieb!" schrie jedoch unentwegt die aufgebrachte Adlermutter und: „Sterben mußt du!"
„Nesträuber!" rief der Adlervater, „vom Felsen sollst du stürzen!"
„Ich habe mich verlaufen", brachte der Jäger hervor, „nur verlaufen! Und wenn man stundenlang und ganz allein durch die Wildnis geirrt ist, freut man sich über jedes Lebenszeichen, auch wenn es nur ... wenn es nur ..." und er schluckte.
„Auch wenn es nur ein Tier ist", ergänzte die Adlermutter, nun aber schon etwas sanfter gestimmt. „Ihr Menschen seid immer allein", sagte der Adlervater, „denn ihr habt die Gabe des Festes noch nicht empfangen. Wir werden dich lehren zu feiern. Wenn du alles gelernt hast und uns auch einlädst, wollen wir dich ziehen lassen und dein Eindringen vergessen."

Und der junge Mann lernte alles, was nötig ist, um ein Fest zu feiern: Lieder zu erfinden und vorzutragen, die Flöte zu

spielen und die Trommel zu schlagen, vor Freude zu tanzen und eine Festhütte zu bauen.
„Nun geh, trage viel Speise zusammen und lade die anderen Menschen ein", sagte die Adlermutter zum Abschied.
„Aber es gibt doch keine anderen Menschen hier", erwiderte der Jäger.
Doch die Alte meinte nur: „Sie werden schon kommen, wenn es ein Fest gibt und jeder willkommen ist. Dafür will ich schon sorgen. Gehe du jetzt und bereite alles vor."
Dann flog ihn der alte Adler zurück. Und tatsächlich, zur festgesetzten Zeit, als alles vorbereitet war, trafen auch die Gäste ein. Paarweise kamen sie, in Fuchs-, Wolf- und Vielfraßfelle gehüllt. Und sie erzählten lustige Geschichten, sangen und heulten schaurige Balladen und fraßen die Tische leer, daß es nur so eine Freude war – kurzum, es wurde ein großartiges Fest.
Erst als sie sich spät nach Mitternacht verabschiedeten, merkten der Jäger und seine Eltern, daß ihre Gäste Tiere waren ...
„So gewaltig ist die Macht des Festes, daß Tiere zu Menschen werden und wir Alten wieder jung", raunte die Adlermutter, tauschte einen vielsagenden Blick mit den Eltern des Jägers und flog davon.

(nach einem Eskimomärchen)

■ Aspekte

Das Fest als Geschenk, Jungbrunnen und Gemeinschaft: Feiern zu können ist eine Gabe, es ist nicht selbstverständlich, daß man es kann.
Wo lebendige gemeinsame Feiern stattfinden, gibt es kein Generationenproblem. Was ist mit unseren Gottesdienstfeiern? Können darin Alte jung und/oder Junge „alt" werden?
Wer nicht feiern kann, bleibt allein. Wer allein ist, kann nicht feiern. Oder doch? Die Adler ermutigen, einfach mit dem Fest zu beginnen. Was gefeiert wird? Vielleicht, daß einer zu feiern beginnt in

festloser Zeit und jeder willkommen ist. Ist das kein Grund zum Feiern?

Impulse

„Ich glaub, ich werd zum Tier!“ In welchen Situationen hören wir solche oder ähnliche Aussprüche? (Vor dem Lesen der Geschichte besprechen)
Die Geschichte berichtet von einer anderen (der umgekehrten) Verwandlung. Was kann solche Verwandlungen bewirken? Welche Antworten würden wir jener des Märchens hinzufügen?

Der weise Tolpatsch

Es war einmal ein Mann, der war so ungeschickt, daß er nach jedem Schritt, den er vorwärts ging, zwei zurückstolperte.
Dennoch wußte er, das Leben zu meistern: Wollte er zum Beispiel ins Rathaus, so stellte er sich auf die Schwelle seines Hauses, drehte sich mit dem Rücken nach außen und sprach zu sich: „Das Rathaus schon im Rücken will ich erst einmal in die Küche, mich zu stärken“, und er gelangte langsam, aber doch beständig zu jedem Ziel.
So erreicht man manches gerade dann, wenn man etwas anderes vor Augen hat; aber gehen muß man.

Spiel für Kinder

Etwa fünf Kinder (die anderen sind Beobachter, damit niemand schummelt) sitzen mit dem Rücken an der Wand eines längeren Raumes oder im Freien, etliche Schritte von einem Ziel oder der gegenüberliegenden Wand entfernt. Dort lockt evt. eine kleine Über-

raschung, eine Süßigkeit oder sonst etwas Begehrenswertes. Nun wird die Spielregel bekanntgegeben, nach der man sich fortbewegen darf. Sie kann direkt dem ersten Satz der Geschichte entnommen werden: Die Kinder sind nun jener Mann, der nach jedem Schritt vorwärts zwei rückwärts stolpert.
Wer findet als erster die Lösung, dennoch zielgerichtet voranzukommen – es bleiben doch nicht etwa alle resigniert sitzen?

Tanzspiel

Zu vielen ruhigen (geistlichen) Liedern paßt eine kleine tänzerische Schrittfolge, der sogenannte Pilgerschritt:
Wir fassen uns in einer langen Reihe, wie es geführte Blinde in arabischen Ländern manchmal heute noch tun: die rechte Hand auf der linken Schulter des Vordermannes. Nun geht es im Tempo der Musik in ständigem Wechsel drei Schritte vor und einen Schritt zurück.
Der Überlieferung nach sollen mittelalterliche Pilger so (zumindest ab der Stadtmauer des Wallfahrtortes) zum Heiligtum gepilgert sein: mit je einem die Rückschritte und Untiefen des Lebens symbolisierenden Rückschritt nach drei Schritten vorwärts. Dieser Rückschritt aber stand auch für die Rückbesinnung, das Atemholen, das Sich-Fallenlassen in Gottes Hand, wo kein menschlicher Weg weiterführte.

Tanzliteratur

Geeignete, ausführlich beschriebene Liedtänze mit Pilgerschritten und anderen in ihrer Symbolik reflektierten Schrittfolgen findet man in den Tanzliederbüchern des Autors (siehe „Literaturempfehlung" am Ende dieses Buches).

Das Land der Jasager

Es muß einmal eine Zeit gegeben haben, in der alle Könige drei Söhne hatten und diese in die weite Welt schickten, um festzustellen, welcher von ihnen würdig wäre, eines Tages ihr Erbe anzutreten. So nämlich geschah es auch in dieser Geschichte. Und die Aufgabe, die einer nach dem anderen erhielt, lautete: Finde das Land, in dem alle Menschen „Ja" sagen.

Da ritt zuerst der Älteste hinaus, und an der ersten größeren Weggabelung traf er einen Mann, der trug einen großen Holzbalken auf der Schulter. Daran hingen zwei Wassereimer, die waren gefüllt bis an den Rand, und der Mann stöhnte unter der Last und wischte sich den Schweiß von der Stirn. Der Königssohn dachte sich, damit kommt man nicht weit, der ist hier zu Hause und muß wissen, wohin die Wege führen. Ich will ihn fragen, ob er wohl weiß, wo das Land der Jasager zu finden ist.
Er stellte dem schwer schleppenden Mann diese Frage. „Nein", sagte der Mann.

Also bestieg der Prinz sein Pferd, gab ihm, um keine Zeit zu verlieren, die Sporen und ritt weiter in die Welt, bis er eine kleine Karawane von Kaufleuten entdeckte. Die aber zuckten zusammen, als sie ihn auf seinem hohen Roß heransprengen sahen, denn oft genug hatten ihnen hier, weit entfernt von den großen Städten, Räuber aufgelauert und ihnen alles abgenommen, was sie bei sich führten.

So hörte er sie also schon jammern und sah, wie sie ihm eilig entleerte Beutel entgegenstreckten, als er gerade erst einen Fuß aus dem Steigbügel gehoben hatte. Noch mehr wunderte er sich aber, als sie auf seine Frage nach dem Land der Jasager sichtlich entzückt (daß ihn nichts anderes zu interessieren schien!) alle miteinander „Nein!" riefen, als wäre das die erfreulichste Sache der Welt. Und er bekam es ein wenig mit der Angst zu tun; denn wenn diese sich so freuten, das Land nicht zu kennen, so konnte das nichts Gutes bedeuten. Vielleicht also wollten sie mit alledem nur nichts zu tun haben und wußten doch mehr, als sie zugeben wollten? Entschlossen, der Wahrheit auf den Grund zu gehen, griff er nach seinem blanken Schwert und fragte erneut und mit fester Stimme, ob sie wirklich nichts davon wüßten, und fügte noch hinzu, daß sie nichts verschweigen sollten, wenn ihnen ihr Leben lieb wäre. Da aber wichen sie schon entsetzt zurück, riefen „Nein, nein nein!“ und warfen ihm den Inhalt ihrer geräumigen Hosentaschen freiwillig vor die Füße. Er aber drehte sich traurig um, stieg auf sein Pferd und ritt davon.

Nach vielen, vielen Wochen und ebenso vielen Neins traf er einen Pilger, der war auf der Rückreise von der heiligen Stadt, und sein Angesicht glänzte von der Wahrheit, die ihm widerfahren war. Eilig stieg der Prinz ab, verneigte sich vor dem ehrwürdigen Alten und fragte ihn, ob er das Land der Jasager kenne. Der Greis schaute ihm lange und forschend in die Augen, dann aber schüttelte er nur den Kopf. Immerhin, dachte der Prinz, das furchtbare Wort hat er nicht benutzt, und so fragte er ihn, ob er nicht wenigstens den Weg dorthin wüßte. „Nein“, sagte der Alte, und wer dabeigestanden wäre, hätte nicht sagen können, wer in diesem Moment enttäuschter schien: der Prinz oder der Pilger.

Da gab der Königssohn alle Hoffnung auf, kehrte um und ritt zurück ins Schloß. „Ein Land, wo alle Menschen Ja sagen, gibt es nicht“, berichtete er, „nicht einmal die Kaufleute, die doch weit herumkommen, kennen es; auch die frommen Männer nicht, deren Gesicht in der Wahrheit glänzt wie der Marmor des Palastes in der Sonne.“
Als er aber den Vater um eine andere Aufgabe bitten wollte, sagte der nur: „Das Land ist groß und nicht zu verfehlen.“

Da machte sich der zweite Sohn auf den Weg und fand alles ebenso, wie es der Bruder berichtet hatte: Er traf Männer und Frauen mit Eimern, Körben und Krügen, die gingen hin und her an den Weggabelungen – aber den Weg zum Land der Jasager wußte niemand von ihnen. Begegnete er Kaufleuten, erschraken sie nicht minder, als sie es vor dem älteren Prinzen getan hatten, und den Pilger fand er noch immer auf der Wanderschaft. Und wirklich: Sein Gesicht strahlte von einem sonderbaren Licht – aber auch er wußte nichts anderes zu sagen als „Nein!"

Weil aber der Prinz nun wenigstens weiter kommen wollte als sein Bruder, ritt er noch eine Tagesreise und ließ in der Herberge verbreiten, daß er dem einen Beutel Gold geben wolle, der ihm den Weg zum Jasagerland beschreiben könne. Da bekam er noch am selben Abend so viele Wege beschrieben, daß drei Leben nicht ausgereicht hätten, sie alle abzureiten, und er merkte, daß es auch für ihn an der Zeit war umzukehren.

So machte sich also der dritte Sohn auf den Weg, traf den Wasserträger, stieg ab und fragte ihn, ob er ihm nicht helfen solle, den Balken zu tragen, der wäre für zwei doch viel leichter. „Oh ja!" erwiderte der Mann, und sie gingen zu zweit zu seiner Hütte, wo er mit dem Prinzen noch ein wenig plauderte, ehe der weiterritt – denn daß er noch etwas anderes fragen wollte, hatte er bei dem Schwätzchen ganz und gar vergessen.

Bald darauf traf er die Karawane der drei Kaufleute. Die Angst stand ihnen überdeutlich ins Gesicht geschrieben, er aber fragte nur, ob er sie nicht vielleicht bis zur nächsten Stadt begleiten solle. Schließlich führe er ja ein blankes Schwert bei sich, das weithin glänze und einem Räuber wohl Angst einflößen könne; auch seien vier Männer eben mehr als drei, und so genau wüßte er ohnehin nicht, wo es für ihn hinginge. „Ja, ja, aber gern!" riefen da die drei und waren zum ersten Mal seit langer Zeit wieder so richtig fröhlich. Noch am selben Abend mußte er Tee aus Indien probieren, Tabak aus Tusbekien rauchen, und hätte er ihnen nicht versichert, daß er nicht gerade eines der ärmsten Landeskinder sei, so hätten sie ihn noch dazu reich beschenkt.

Einige Wochen später traf er auch den Pilger. Der stand am Rand der staubigen Straße wie ein Baum voll glänzender

Früchte. Da konnte man gar nicht anders, da mußte man fragen, ob er nicht ein wenig erzählen wolle von dem, was sein Leben verändert und was ihm im heiligen Land geschehen war.

Und als es Abend und wieder Morgen wurde, war der junge Prinz so angefüllt mit den Weisheiten des Lebens, daß er sich nicht mehr erinnern konnte, was ihn hier in die Ferne getrieben hatte – und da es ihn auch drängte, den Seinen von dieser Begegnung weiterzuerzählen, machte er sich eilig auf den Weg nach Hause. Dort angekommen aber ließen ihn die Brüder kaum zu Wort kommen und fragten nur, ob er denn das Land gefunden hätte, das Land, wo alle Menschen mit „Ja" antworteten.
„Ach, das findet man doch überall", sagte er, „der Wasserträger, die Kaufleute, der Pilger, sie alle sagen unentwegt Ja!"

Kurzinterpretation

Ein langes Märchen von einer kleinen Wahrheit: Oft bedingt schon die Art der Frage die Antwort. Vgl. auch die Erkenntnis: Wie man in den Wald hineinruft, so schallt es zurück. Soweit zumindest ist also wirklich jeder seines Glückes Schmied.
Aber auch ein Lehrstück davon, daß manches auf direktem Weg gar nicht erreicht werden kann: Das Land der Jasager ist eben nur nebenbei zu finden, mit direkten Fragen ist es nicht zu erreichen.
Zudem ist die Geschichte ein Hinweis darauf, daß wir trotz der Zielstrebigkeit, mit der wir ein persönliches Ziel verfolgen, nie unser soziales Verhalten gegenüber den Mitmenschen vergessen dürfen.

Impulse

Was sonst noch läßt sich ebenso wenig direkt erlangen wie das Land der Jasager? Spontanität – Liebe – Berühmtheit – der Himmel?

Doch was ich indirekt erlangen kann, ist abhängig von dem, was ich direkt tue; siehe den Unterschied zwischen den Königssöhnen des Märchens.

Biblische Parallelen

Im Gleichnis vom barmherzigen Samariter gehen zwei direkt zum Tempel, die dürfen sich die Hände nicht schmutzig machen. Ankommen beim Tempel, dem geschundenen Körper seines Nächsten, kann nur der Dritte. Sein Terminkalender läßt Umwege zu (Lk 10,29-37).

Die Maulwürfe und der englische Rasen

Vor langer Zeit regierte in England eine Königin, die war durch und durch böse und quälte die Menschen, wo sie nur konnte. Sie hatte zwölf Gärtner, die schickte sie mit Nagelscheren den Rasen schneiden, und abends ging sie hinaus, riß sich die Kette mit den hundertvierundvierzig Perlen vom Hals, und die Dienstmädchen mußten sie wieder aufsuchen und wehe, das Gras war zu hoch, daß ihre zwölf Dienstmädchen länger als zwölf Minuten suchen mußten.

Eines Tages nun hatte jedes der Mädchen seine zwölf Perlen gefunden, nur Ann mit den roten Haaren fehlte noch die letzte, als die Zeit ablief. Schadenfroh lächelte da die Königin und befahl Ann, bis zum nächsten Morgen hundertvierundvierzig Löcher in den Rasen zu graben, allerfeinste, lockere Blumenerde zu besorgen, die Löcher davon überquellen zu lassen, so daß hundertvierundvierzig kleine Hügel entstünden, die anderntags die Gärtner bepflanzen sollten, damit auch ihre Arbeit noch mühevoller würde.

Ann saß weinend im Gras und wußte, daß sie das nie würde schaffen können: Nicht einmal eine Schaufel hatte ihr die Königin geben lassen, und selbst wenn ihr die Löcher gelingen sollten, woher sollte die lockere Erde kommen? Dennoch begann sie mit den Fingernägeln zu graben, denn sicher würde sie am nächsten Morgen noch härter bestraft werden, wenn sie gar nicht erst angefangen hätte.

Plötzlich spürte sie etwas Weiches unter ihren Fingern, und wie sie erschrocken die Hand zurückzog, schaute schnuppernd eine kleine, dunkle Schnauze aus der Erde und murmelte: „Ist schon schlimm, nicht wahr? Haben alles mitgehört, ich und die Jungs – aber keine Angst, werden die Sache schon schaukeln. Können nur nicht zählen; mußt stop sagen, wenn es hundertvierundvierzig sind."
Erst verstand Ann überhaupt nicht, dann aber sah sie, wie ein kleiner Hügel nach dem andern aus der Erde wuchs: lauter feinkörnige, lockere Erde – dann schlief sie ein. Am nächsten Morgen war die Überraschung groß: Hundertvierundvierzig Hügel über die ganze Rasenfläche verteilt, und wenn man mit der Hand hineinfaßte, spürte man sogar noch das Loch, das Ann gegraben haben mußte.

Die Königin war entsetzt, fürchtete sich vor dem Zauber, der da augenscheinlich während der Nacht vorgegangen war, und entließ das Mädchen in Gnaden, beschenkte sie sogar reich und verlangte nur, daß sie den Hof umgehend verließ, so ängstlich war ihr zumute. Die Gärtner aber durften von nun an den Garten so pflegen, wie sie es wollten – und weil diese eine Wiese vorzogen, merkte auch erst niemand, daß die Maulwürfe munter weiter gruben. Denn Ann hatte ja nicht „Stop" gesagt, und so denken sie heute noch, sie müßten weitergraben, um das arme Mädchen nicht im Stich zu lassen. Ja, ein paar haben sich sogar unter dem großen Graben hindurchgewühlt und ihre Vettern unter dem Festland verständigt. Und so wühlen sie heute noch, bis jemand „Stop" ruft – aber es muß schon ein kleines Mädchen mit roten Haaren sein.

Zum Weiterdenken

„Es schimpfe mir also niemand die Maulwürfe!“ hätte der Erzähler auch schließen können, schließlich verdienen sie unsere Sympathie; selbst dann, wenn auch wir einen englischen Rasen besitzen, was man sich nach solch einer Geschichte ja kaum noch zuzugeben traut.
Und wie ist es mit den Wespen und den Mücken und den Wühlmäusen und all den anderen Plagegeistern, die ja auch Teil von Gottes Schöpfung sind? Wer widmet ihnen ein Märchen zur Ehrenrettung und bringt uns damit ein bißchen näher heran an die Liebe des Franziskus zu allen Lebewesen?
Übrigens, was Ann anbetrifft: Vielleicht hätte sie doch besser „Stop“ rufen sollen. Aber Menschen sind ja so vergeßlich, wenn sie bekommen haben, was sie wollten. Und was das Graben der Maulwürfe anbetrifft, da sieht man es mal wieder: Zu viel Hilfe ist auch nicht gut! Man muß eben wissen, wann Schluß ist.

Sati(e)rischer Exkurs

Wie war das noch gleich mit den Mückenstichen und der juckenden Ameisensäure? Die sollen gegen Gicht helfen und ... ? Na bitte, alle wollen sie helfen – nur der Mensch, wie immer, will sich nicht helfen lassen.

Der Erfinder

Samuel Peter Iegel war ein seltsamer Mensch. Und so ging es ihm wie allen Menschen, die ein wenig anders sind als die andern: Man erzählte Geschichten über ihn, die waren noch viel seltsamer, als er es je hätte sein können.

Hinzu kam, daß er keiner normalen Tätigkeit nachging: Er war Erfinder – aber niemand wußte, was er eigentlich zu erfinden gedachte. Die einzige Verbindung war eine alte Bäuerin, wie es hieß, eine entfernte Verwandte, die ihm alle zwei, drei Tage zu essen brachte, und außer ihr, der Wortkargen, hatte ihn, solange man sich erinnern konnte, niemand gesehen. So hauste er also in dem als Spukschloß verschrienen Gemäuer – von dem man nicht sagen konnte, ob die Steine den Efeu oder der Efeu die Steine hielt – und mußte dulden, daß die widersprüchlichsten Dinge über ihn in Umlauf gesetzt wurden.

Eines Tages aber hielten es drei junge Burschen nicht mehr aus, und nachdem sie sich beim Wirt zum Tollen Pfeifer mächtig einen angetrunken hatten, beschlossen sie, der Sache auf den Grund zu gehen: Schließlich müßte man doch wenigstens in Erfahrung bringen, wie der seltsame Nachbar aussähe und woran er arbeite; sonst würde er womöglich eines Tages das ganze Dorf in die Luft sprengen!
Da die drei aber völlig unterschiedlichen Wesens waren, konnten sie sich über die Vorgehensweise nicht einigen und beschlossen, es an den folgenden drei Abenden jeder auf seine Weise zu versuchen.

Der erste nahm einen kräftigen, gebogenen Draht mit, der ihm leise die alte Holztür öffnete, und schlich hinein. Ärgerlich erzählte er den anderen am nächsten Abend, daß er leider nicht weit gekommen sei, denn schon am Ende des Hausflures hätte ihn der alte Iegel erspäht. Das heißt, alt schien er ihm, falls ihn das Halbdunkel im Korridor nicht getäuscht hatte, gar nicht zu sein: Vielleicht tüftelte er an einem Jungbrunnen, zumindest hätte er wohl einiges zu verstecken, denn er blickte ihn im eigenen Hause an wie ein auf frischer Tat ertappter Dieb.

Der zweite, ohnehin ein ruppiger Haumichblau, nahm also wohlweislich einen dicken Knüppel mit und trat kurzerhand die Tür ein, um nicht ebenfalls durch langwierige Bearbeitung des rostigen Schlosses den jungen Alten auf sich aufmerksam zu machen und ihm Zeit zum Verstecken des Geheimnisses zu geben. Auch er mußte allerdings am nächsten Tag gestehen, daß Samuel Peter Iegel ihm zuvorgekommen war, ja sogar seinerseits mit grimmigem Gesicht und einem gewaltigen Knüppel schon auf ihn wartete und – ob jung oder alt, breitschultrig war er, daß man das Fürchten lernen konnte! Als der vor ihm losgezogene Kumpan nun noch kopfschüttelnd entgegnete, ihm wäre er eher als ein schmales Männchen erschienen, konnten sie nicht mehr ausschließen, daß Iegel, vielleicht durch den Besitz eines wundersamen Mittels, in der Lage war, seine Gestalt beliebig zu verändern.

Dennoch machte sich nun der Dritte furchtlos, weil selbst freundlichen Wesens und nichts Böses planend, am selben Abend noch auf den Weg. Wen wird es wundern, daß auch sein Bericht kaum mit dem der andern übereinstimmte?!
Die aufgebrochene Tür fand er angelehnt, er klopfte mehrere Male und trat dann ein, obwohl er keine Antwort erhalten hatte, nahm sich aber vor, dem Erfinder so freundlich wie möglich entgegenzutreten und sich sofort für sein Eindringen zu entschuldigen. Noch ehe er jedoch seine Überlegungen zu Ende führen konnte, stand der Hausherr unvermittelt vor ihm – mit dem liebenswertesten Lächeln der Welt, und ihm, dem ungebetenen Gast zu später Stunde, wurde schlagartig die ganze Unverfrorenheit ihres Unternehmens bewußt, so daß er auf der Stelle und nur eine kurze Entschuldigung stammelnd kehrt machte.

Da war den Dorfbewohnern wenig geholfen, denn die einen, die schon immer der Meinung waren, daß aus keinem Schornstein freundlichere Wölkchen pafften als aus dem von Iegel, fühlten sich ebenso bestätigt wie jene, die ihn mindestens ebenso lange schon für den Teufel persönlich hielten. Und was die Erfindung anbetraf, gab es nun lediglich zwei, drei Vermutungen mehr, so daß sie sich in die Erkenntnis fügen mußten, daß wohl nur die Zeit Licht in dieses Dunkel bringen würde.

Da der aufmerksame Leser es aber nicht statthaft finden wird, lediglich der Lüftung eines Geheimnisses wegen auf den Tod eines Erfinders zu warten, versuche er die Lösung des Rätsels vielleicht jetzt schon einmal.

Lösung: Samuel Peter Iegel hatte den Spiegel (S. P. Iegel!) erfunden.
Eingeritzt in den Holzrahmen des ersten Exemplars hinterließ er uns die Worte:

Benenne das Fremde
und höre gut zu,
denn wie du es nennst,
so heißt – nur du!

Kurzinterpretation

Zum Aussagekern vgl. das unter „Das Land der Jasager" Gesagte.

Methodentip

Als Rätsel für die Zuschauer: Wer meint, daß er die Lösung kennt, darf in einen Pappkarton schauen, der das Geheimnis (einen Spiegel) enthält. Die anderen können dem Erzähler weiter Fragen stellen, die dieser aber nur mit „ja", „nein" oder „vielleicht" beantworten darf.

Der Magnet

Es war einmal ein Eisenstück, das lebte in einem Keller auf einer großen, alten Tischplatte, zwischen einem Holzwürfel und einer kleinen Glaskugel. Die drei verstanden sich ausgezeichnet, wenn sie sich nicht gerade über die Bedeutung des Feuers stritten, bis eines Tages der Holzwürfel ganz unvermittelt sagte:

„Ich bin ein Bauklötzchen."
„Wie bitte?" fragte die Glaskugel höflich.
„Ein Bauklötzchen!"
„Aha", bemerkte das Eisenstück beiläufig.
„Bauklötzchen sind etwas besonders Schönes und von entscheidender Bedeutung für die richtige Entwicklung des Kleinkindes", ergänzte der Holzwürfel.
„Und seit wann weißt du das?" wollte die Glaskugel wissen.
„Schon immer", meinte der Holzwürfel mit Gönnermiene, „aber ich wollte euch ja nicht vor den Kopf stoßen. Nun aber, denke ich, ist es an der Zeit, daß ihr die Wahrheit über mich erfahrt."
„Du bist ein Holzwürfel!" sagte das Eisenstück.
„Warum sagst du das?" fragte der Holzwürfel beleidigt. Das Eisenstück schwieg.
„Ich bin ein Teddybärauge", sagte die Glaskugel.
„Von mir aus", meinte der Holzwürfel, „Bauklötzchen sind sowieso mehr wert."
„Mehr wert als Teddybäraugen?" wollte die Glaskugel wissen.
„Sicher! Bauklötzchen sind unbegrenzt vielseitig verwendbar."
Das stand damals auf der Packung. Nach und nach begann der Holzwürfel sich zu erinnern. Was für ein Leben lag hinter ihm!
„Ohne Kinder bist du ein Holzwürfel!" Die Glaskugel klang gar nicht mehr höflich.
„Ohne Teddy bist du eine Glaskugel", erwiderte der Holzwürfel.
„Wie recht ihr habt", beendete das Eisenstück für diesmal das Gespräch.

Am nächsten Morgen aber geschah etwas Sonderbares: Das Eisenstück stotterte vor Aufregung!
„I.. ich, ich bi, bin ..."
„Ein Eisenstück!" sagte der Holzwürfel ziemlich barsch.
„Ja...", meinte das Eisenstück erschöpft, und die Glaskugel kicherte, aber das Eisenstück gab nicht auf:

„Ihr, ihr sollt wissen, daß ich mich auch erinnert habe ..."
„Klar", grinste der Holzwürfel, „du bist eine Metallprinzessin."
„Meinst du?" fragte das Eisenstück und klang plötzlich ganz sanft und verletzlich.
„Was weiß ich", sagte der Holzwürfel mit rauher Stimme, „hab ich geträumt oder du?"
„Du bist ein Eisenstück!" meldete sich die Glaskugel zu Wort.
Aber das Eisenstück klang plötzlich merkwürdig geschraubt:
„Oh, es muß etwas Wunderschönes geben, das zieht dich unwiderstehlich an, das setzt dich in Bewegung ..."
„Kenn ich", sagte die Glaskugel, „ich war mal Aushilfskraft auf einer Murmelbahn."
„Bauklötzchen sind etwas besonders Schönes!" begann der Holzwürfel, aber die Stimme des Eisenstücks kam wie aus einer anderen Welt:
„... du siehst es nicht, fühlst nur, wie es dich anzieht, daß es da ist, daß es dich führt."
„Träumer!" sagte die Glaskugel.
„Eisenstück!" sagte der Holzwürfel.
„Wunderbar ...!" sagte das Eisenstück.

Aspekte

„Was bin ich wert?" – Viele Dinge erhalten ihren Wert erst durch den Kontext, in den sie gestellt sind. Jeder Mensch lebt in vielen Beziehungen, die ihm ein Gefühl seines (Nicht–)Wertes geben, kennt aber auch die befreiende Rede von seinem Wert an sich.
Der Weg zwischen den Extremen der Abhängigkeit von der Wertschätzung durch andere und einem übertriebenen Selbstwertgefühl ist eine Gratwanderung. Welche Hilfe leistet die christliche Überzeugung von der (beide Extreme korrigierenden) Sicht des Menschen in den Augen Gottes?
Die Un(ver)mittelbarkeit der „letzten" Dinge: Wie gehen wir damit um, wenn Erfahrungen nicht vermittelbar sind? Gerade die großen

Erlebnisse der Angst und der Freude, des Geliebt- und Gehaßtwerdens sind ausgesprochen subjektiv. Über das Feuer spricht ein Holzstück selbstverständlich anders als Glas und Eisen, wie soll es sich da verständlich machen? Und wie soll das Eisenstück den anderen erklären, was ein Magnet ist? Es weiß es ja selbst nicht, spürt nur dessen anziehende Kraft.
Ähnlich mag es mit der Sprachlosigkeit in Dingen des Glaubens sein, deren Unmittelbarkeit im Erleben des einen unversehens zur Unvermittelbarkeit im Gespräch mit dem anderen wird.
Sind aber Menschen wirklich so verschieden wie Holz, Glas und Eisen? Und ist Gott wirklich ein Magnet, der nur bestimmte Stoffe anzieht? Steht dem nicht z.B. das Sprechen vom Heiligen Geist entgegen, der Sprach- und andere Grenzen überwinden hilft und Worte verleiht, wo der Verstand keine findet?

Die Axt

Eines Tages sahen die Bäume, wie ein Stein den anderen schlug. Denn der Mensch hatte den einen zur Hand genommen, und mit seiner Hilfe schlug und schliff er den anderen. Vorsichtig prüfend fuhr er am Abend mit dem Finger über die scharfe Kante, legte dann sichtlich zufrieden den behauenen Stein aus der Hand und ging zur Ruhe.

Da begannen die Bäume zu jammern und zu klagen und sprachen untereinander: „Warum hätte er den Stein geschliffen, wenn nicht, um uns an den Leib zu gehen?"

Der geschlagene Stein aber wies sie zurecht und sagte: „Was jammert ihr? Wenn keiner unter euch zum Verräter wird, wie mich mein Bruder verraten hat, wie sollte der Mensch eine Axt fertigen? Braucht er dazu nicht auch Holz von eurem Holz?"

■ Kurzinterpretation

Wie die Axt, die den Baum fällt, nur stark ist durch das Holz des Axtstieles, sind die größten Schäden die, die man sich (als nahestehendster und somit gefährlichster „Verräter") selbst zufügt. Dies gilt für den einzelnen Menschen wie für die gesamte Menschheit.

■ Impulse

Die Rede des geschlagenen Steins enthält eigentlich eine Ermutigung; wie läßt sich diese auf die Ebene des Menschen übertragen? Ist sie unrealistisch, weil sich ja doch immer irgendeiner als Verräter hergibt? Muß das die anderen lähmen (oder „fällen")?

Biblische Parallelen

Auch Jesus wurde verraten von einem der „Seinen" – im Kontext von Passion und Auferstehung allerdings alles andere als ein „lähmender" Vorgang (Mt 26,14ff).

Es kann der Größte nicht in Frieden leben

Als sich Himmel und Erde feind wurden und der Berg der Wolke den Krieg erklärte, fragten beide die große, alte Eiche auf der Spitze des Berges, mit wem sie es halten wolle.
„Vergiß nicht", gab der Berg zu bedenken, „in wem du wurzelst und wer dich trägt. Also entscheide dich, wirst du zu mir halten und der Wolke den Kampf ansagen?" Aber die große, alte Eiche schüttelte stumm ihre Krone.
„Sehr vernünftig", sagte die Wolke, „du weißt also, wer dir zu trinken gab dein Leben lang! Bestätige es nur: Mit mir wirst du gegen den Berg in die Schlacht ziehen!" Aber die große, alte Eiche schüttelte stumm ihre Krone.
„Deine Wurzeln sollen ins Leere greifen, wenn du nicht weißt, wo du hingehörst", schimpfte der Berg.
„Was streckst du dich mir entgegen, wenn du so liebst, wo du herkommst?" zürnte die Wolke.
Und der Berg verbot allem Erdreich, das in ihm war, die Wurzeln der Eiche zu besuchen.
Und die Wolke nahm sich Tropfen für Tropfen vor und schärfte jedem ein, daß er auf jeden Fall (und das meinte sie wörtlich!) die Eiche meide.

Da verfluchte die Eiche ihre Größe, denn wer hatte die Gräser gefragt und die Blumen, die Büsche und Sträucher, zu wem sie halten wollen, wenn es Krieg gibt?

Impulse

Größe, Stärke, Macht oder Berühmtheit sind nach wie vor attraktive Lebensziele auf dem Weg des Heranwachsenden zum Erwachsensein und darüber hinaus. Wer die Macht hat, hat damit aber auch ein meist ausgewachsenes Problem. Was also tun? Auf einer bestimmten Stufe das Wachstum einstellen? (Vgl. G. Grass, Die Blechtrommel)
Welche Formen von Wachstum gibt es, worin kann man wachsen?
Welches Wachstum wird zwangsläufig einmal andere überschatten, welches nicht?
Wohin will ich wachsen? Worin will ich wurzeln?

Biblische Parallelen

Streit der Jünger um die Frage, wer der Größte unter ihnen sei (Lk 22,24-27);
Fußwaschung Jesu (Joh 13,3-15);
Vom Herrschen und vom Dienen (Mk 10,42-45; Mt 20,25-28).

Für den anderen sprechen

Recht zu sprechen ist wohl am schwierigsten, wenn im Verlauf des Streites unschwer zu erkennen ist, daß beide Parteien einen Anteil Schuld haben. Eine Erkenntnis, die sich zumeist sehr schnell beim Richter und allen Unbeteiligten, aber kaum jemals bei den Streitenden selbst einstellt.

Da kommt der weise Richter auf eine Idee: „Sagt mir alles noch einmal aus der Sicht des anderen, und ich will drei Unparteiische hinzuholen lassen, die nicht wissen, daß ihr für den anderen sprecht. Wer nun alles am besten darstellt, dem werden sie die Sache zusprechen. Er soll sie nehmen, auch wenn es nicht die seine ist."
Gesagt, getan; aber da stellt sich heraus, daß mit so etwas keiner der beiden gerechnet hat. Schlecht sind sie vorbereitet, wenig wissen sie von den Beweggründen des anderen ... Keinem gebührt die Sache, sprechen die drei Unparteiischen, das hohe Gericht möge das Streitgut einziehen und für sich behalten.

So geht es eine Zeit von Streitfall zu Streitfall, der weise Richter ist inzwischen auch ein reicher Richter, und dies kommt den Armen im Lande zugute. Oft ist es ja so, daß die Weisen nicht reich sind und die Reichen nicht weise.
Dies wäre schon ein schöner Schluß, aber es soll noch besser kommen: Bald nämlich hat sich die seltsame Art der Urteilsfindung herumgesprochen, und jeder beginnt seinen Streitfall mit den Augen des Gegners zu betrachten, so daß sich das meiste von alleine findet und der weise Richter nun auch in Ruhe alt werden kann.

Kurzinterpretation

Wo zwei Gegenparteien bei bestem Wissen und Gewissen vom Unrecht des anderen überzeugt sind, hilft nur die Fähigkeit, die Sache auch einmal mit den Augen des andern zu sehen, wozu in der Regel keiner der beiden motiviert ist. Eben darum weiß die Rechtsprechung aller Kulturen um die Notwendigkeit eines Dritten. Der allerdings sollte mehr sein als „nur" ein guter Jurist!

Methodentip

Rollenspiele wollen unter anderem das bewirken, was auch diese Erzählung im Blick hat: Lernen, mit den Augen der anderen zu sehen. Hier liegt eine Chance für Spiel-Situationen, die den verhärteten Konflikten innerhalb der jeweiligen Gruppe (evt. verfremdet) nachgebildet sind.

Biblische Parallelen

Salomos Urteil (1 Kön 3,16-28): Hier zielt der Richter jedoch nicht auf einen Rollentausch bei den Streitparteien, sondern beweist, daß er selbst sich so in die Person der wirklichen Mutter hineinzuversetzen weiß, daß er auf das zu erwartende Verhalten schließen kann.

Warum der Pazifische Ozean Pazifischer Ozean heißt

Mitten im pazifischen Ozean liegt eine kleine Insel. Dort wohnen die Pazi-Fischer. Jeden Tag tauchen sie tief nach dem Frieden und bringen ihn mit herauf. Er ist kostbar wie die Muscheln und Perlen, die sie aus den Fluten holen. Aber wie die Fische, die sie jeden Tag aufs neue fangen müssen, will auch der Frieden immer wieder gefunden werden.
Und jeder macht sich Kleider und Salbe aus seinem Frieden, jeder freut sich am Frieden des anderen, und jeder läßt jedem seinen Frieden.

Eines Tages aber legt ein Motorboot am Strand an, dessen Besatzung kauft den ganzen Frieden und gibt viele glänzende Kugeln dafür. Die Leute in dem Boot sagen, sie möchten wirklich allen verfügbaren Frieden haben, nur dann sei er kostbar für sie, und es dürfe keiner mehr welchen aus der Tiefe holen. Die Pazi-Fischer überlegen erst einen Moment, dann aber sind sie einverstanden, denn anstrengend war es schon, in die Tiefe zu tauchen nach Perlen und Frieden. Nun haben sie statt der wenigen Perlen ja ganze Truhen glitzernder Kugeln erhalten und können sich auf den Fischfang im seichten Wasser und mit den Netzen vom Boot aus beschränken: Wieviel ruhiger wird das Leben werden und wieviel ungefährlicher!

Wie es den Pazi-Fischern dann wirklich ergeht, könnt Ihr Euch denken. Schaut Euch nur um, wie es zugeht auf der Welt. Und warum sollte es ihnen nun anders ergehen?

Das Motorboot übrigens ist seit jenem Tag verschollen, oder habt Ihr irgendwo ein Boot voller Frieden anlegen sehen? Und die Pazi-Fischer, als sie nach langer Zeit endlich den Betrug merkten und wieder versuchten, ihren Frieden zu finden, erlebten eine böse Überraschung: Ihr Atem ist viel zu kurz zum Tauchen geworden.
Aber noch heißt ein ganzer Ozean nach den Fischern einer kleinen Insel und vielleicht ...

Kurzinterpretation

Frieden ist nicht „verfügbar" – er muß immer wieder neu gefunden und gehalten werden, man kann ihn nicht konservieren, sammeln, einfrieren, nicht mit ihm handeln. (Handeln kann man höchstens mit sogenannten friedenssichernden Geräten ...)
Wer Frieden haben will, muß „in die Tiefe gehen", und dazu braucht man einen „langen Atem".

Impulse

Was ist Frieden? Mit wem lebe ich in Frieden: mit mir, mit anderen? Es gibt die Unterscheidung „innerer" (religiöser/psychologischer) und „äußerer" (sozialer/weltpolitischer) Friede – (wie) hängen beide zusammen? Reicht die Unterscheidung, um alle Nuancen von Frieden zu umfassen?

Aus dem Frieden der Erzählung kann man sich „Kleider und Salbe" machen. Wie ist das zu übersetzen?
Wie weit trägt welches Friedensbild? Die israelische Sprache kennt einen ganzheitlichen Frieden: „Schalom" ist mehr als die Abwesenheit von Krieg. „Schalom" ist die Harmonie mit sich und der Schöpfung als Folge der Gemeinschaft mit dem Schöpfer.

Biblische Parallelen

Auch Jesus schickt Fischer aus, die anderes fischen sollen als nur Fische (Mt 4,18-22).
Siehe darüber hinaus die zahlreichen Stellen zum Stichwort Frieden in einer Bibelkonkordanz (z.B. Jes 9,6; 32,17; 52,7; Ez 34,25-31; Mt 10,34-36; Lk 1,79; Joh 14,27; 1 Kor 14,33; Eph 2,14; Phil 4,4-7; Kol 3,15).

Vom Hasen, der den Fuchs abgeschreckt hat

Zwei Hasen stritten miteinander, welche Art, den Bau anzulegen, die bessere sei.
„Ich denke an den Fuchs", sagte der eine, „und grabe ein Tunnelsystem mit zwei kleinen Ausgängen. Schon der eine, für den Fuchs zu klein, schützt mich vor seinem Eindringen; der zweite läßt mir die Möglichkeit, mich einer Belagerung jederzeit zu entziehen. So wird es dem Feind nicht gelingen, mich etwa durch einen vorgetäuschten Rückzug aus dem ihm nur allzu bekannten Loch zu locken. Und sollte er sich doch einmal die Mühe machen, den vermeintlich einzigen Zugang aufzuwühlen, entdeckt er zwar mein Geheimnis und zwingt mich zum Umzug, gleichzeitig jedoch muß er die Vergeblichkeit seines Tuns nur um so klarer einsehen und wird fortan einen solchen Aufwand an Zeit und Kräften scheuen, mir mein Heim also heil lassen.

Natürlich könnte ein besonders schlaues Exemplar seiner Gattung dann auf die Idee kommen, mir die Entdeckung eines Einganges nicht eher durch gieriges Fauchen anzuzeigen, bis nicht ein anderer seiner Sippe das zweite Loch entdeckt und besetzt hat. Auch dem jedoch ist vorzubeugen: Schließlich lassen sich weitere Fluchtwege rechtzeitig anlegen, und ein freiwilliger Umzug von Zeit zu Zeit, vielleicht sogar in reizvollere Gegend, läßt mich ohne Furcht sein vor einem unerwarteten und erzwungenen Aufbruch."

„Schön und gut", sagte der andere Hase, „aber auch ich habe nachgedacht und bin zu einer Lösung gekommen, die meiner Hasenehre angemessener erscheint: Der Fuchs wird inzwischen gemerkt haben, daß unsereins denkt wie du und kleine Löcher baut. Ich also werde eine Höhle anlegen, deren gewaltiger Eingang auf einen Wolf schließen läßt, und ich möchte den Fuchs sehen, der es wagt, ihr zu nahe zu kommen!"

Daraufhin gingen beide ans Werk und wollten sich nach einem Monat wieder treffen, um zu sehen, wie es einem jeden mit seinem Plan ergangen ist. Den Hasen jedoch, welcher den Fuchs so vortrefflich abzuschrecken glaubte, fand noch am selben Abend ein umherstreunender Wolf, der zu verstehen gab, daß diese Behausung genau das sei, was er seit langem suche, und der sich für den gedeckten Tisch bedankte. Hasen aber, die denken wie jener erste und kleine Löcher bauen, triffst Du noch überall.

Methodentip

Vor dem letzten Absatz unterbrechen, sowohl um mögliche Fortsetzungen von den Zuhörern ausspinnen zu lassen als auch, um über Begriffe wie „Mut", „Feigheit", „Ehre" bzw. „ausreißen", „sich nicht alles gefallen lassen", „angeben" usw. zu diskutieren, ohne durch den Originalschluß schon Wertungen vorzugeben.

Das Märchen vom vergrabenen Frieden

Wer ihn mit sich führt, hält ihn – so haben ihn alle.

Im Niemandsland hinter den Waffenbergen liegt der Frieden begraben. Doch kommen einmal am hellichten Tag zwei Menschen aus verfeindeten Ländern, so kann er gehoben werden. Nur darf keiner der beiden ein Wort sprechen. In völligem Einverständnis müssen sie stumm ihr Werk vollenden, sonst fährt der Frieden zurück in die Grube.

Nun will ich erzählen, was jüngst geschah: Wie schon oft trafen zwei Mutige sich an jener Stelle, zwischen Minen und Stacheldraht, jeder mit einem Spaten in der Hand. Beide waren zwar nach Frieden hungernd, doch nicht ganz ohne Mißtrauen, ob wirklich der Wunsch nach Frieden den anderen trieb. Sie widerstanden aber beide der Versuchung eines prüfenden Wortes, und beim gemeinsamen Graben verging denn auch bald der Argwohn.
Schon nach einem Meter brach jedoch dem einen der Stiel entzwei, und für einen Moment standen sie ratlos, schossen ihnen doch die unterschiedlichsten Gedanken, vielleicht auch Ängste, durch den Kopf. Dann aber schien es ihnen, ohne auch nur ein Wort auszutauschen, selbstverständlich, abwechselnd weiterzugraben, jeder so lange, bis er erschöpft gerne den Spaten aus der Hand gab.
Schließlich war es soweit: Sie stießen auf eine Kiste, öffneten sie, und heraus stieg – ein kleines Kerlchen, das augenscheinlich nicht viel Zeit gehabt hatte, im Licht der Sonne zu wachsen.

Mit offenem Mund standen die beiden da ... So also sieht der Frieden aus. Aber, mein Gott, wie sollte denn jeder eine Hälfte davon nach Hause bringen, wie beweisen, daß er den Frieden gefunden, wie sicher sein, daß ihn nicht irgendwann der andere beanspruchen könnte?
Fast gleichzeitig formten ihre Lippen die Frage.

Kurzinterpretation

Frieden ist immer eine Frage des Vertrauens; den Frieden „sichern“ zu wollen ein lobenswerter, aber zum Scheitern verurteilter Versuch.

Literaturempfehlung

Macht, Siegfried: Dass Frieden werde. Kleine Lieder zu großen Themen. Don Bosco, München 1984.

Ders.: Gemeinsam durch das Kirchenjahr. Texte, Lieder, Tänze, Spiele, Meditationen und Bastelideen. Werkbuch und CD. Brunnen, Gießen 1999

Ders.: Gottes Geist bewegt die Erde. Lieder, die uns in Bewegung setzen. Tanzliederbuch und CD. Bonifatius, Paderborn 1994

Ders.: Kinder tanzen ihre Lieder. Tanzliederbuch und CD. Bonifatius, Paderborn 1991. 3. Aufl. 2001. Strube, München

Ders.: Kleine Leute – große Töne. Mit Kindern singen, spielen, musizieren. Verlag Junge Gemeinde, Leinfelden-Echterdingen 1997

Maschwitz, Rüdiger: Selbstbewusstsein durch Eutonie. Entspannungsübungen in Geschichtenform. Kösel, München 2001

Stichwortverzeichnis